Truth In Fantasy

モンスター退治

魔物を倒した英雄たち

司史生／伊豆平成

新紀元社

はじめに

古来より怪物（モンスター）たちは、神話・伝説には欠かせない存在でした。モンスターたちはしばしば、幸福を目指す人類の行く手を阻み、彼らから平和を奪い去ります。それが神の戒めとして送られたものであれ、悪魔の邪悪な策謀が生んだものであれ、モンスターたちは人間に理解しがたい自然（宇宙）の力の表れであり、それ自体が世界を意味づけるシンボルなのです。

ですから神話・伝説の英雄たちの多くにとって、モンスターを退治することは義務になっています。英雄は怪物たちを打ち倒すことで人々の置かれた状況を組み変え、世界の秩序を生み出します。

つまり英雄のモンスター退治とは、単なる無目的な闘争や破壊ではありません。それ自体が、新たな秩序を生み出すための創造的行為なのです。だからこそ、英雄は戦うことを運命づけられているといえるでしょう。彼らは無慈悲で不合理な力に立ち向かい、混沌の闇に光をもたらす者たちなのです。

本書はこうした英雄と、彼らの敵との戦いについて解説するものです。

◉見出し項目の見方

地域：伝説の舞台となった地域。必ずしもその神話・伝説が語り伝えられた場所とは一致しません。

時代：伝説が起きたと考えられている時代。おおまかに人間の出現以前（神々の時代）は太古、それ以降を古代と区切りました。また、おおむね十世紀を目安に古代と中世を区切ってあります。

出典：その伝説が語られている原典。複数の異なった原典がある場合や、文字にされない口承文芸が原典である場合などは「〜の神話（伝説）」などと記述しています。

英雄：英雄の名前、出自からみたタイプです。

敵：敵の名とタイプです。

退治法：その敵を退治するのに、主としてどのような方法が用いられたかを記載しています。複数存在する場合、要素が大きいと考えられる順に並べました。

目次

第六章 その他の地域 293

第一章

ヨーロッパ編

ベオウルフ対グレンデル

地域：西欧
時代：古代
出典：『ベオウルフ』
英雄：ベオウルフ／戦士
敵：グレンデル／鬼
退治法：武勇

牡鹿館の怪物

ローマ帝国が滅びて久しく、シャルルマーニュの登場にはまだ遠い未来のこと。古代と中世の狭間の霧に包まれたほの暗い時代であった。

その頃のデンマークは、フロトガルという王のもとに栄えていた。フロトガル王は敵から奪った金銀財宝で美しい宮殿を建て「牡鹿館」と名づけた。黄金の敷きつめられた館内には、夜ごと暖炉の火が明々と燃え、人々の歓声や歌声で包まれていた。

だが館の外には、暗く荒涼とした世界が広がっていた。その荒野の中から、館のまばゆい光を目指して近づいてきた影がある。グレンデルという名の食人鬼である。グレンデルは真っ黒な毛に顔が覆われ、長い牙と鋭い爪が生えていた。その肌は鋼のように硬く、刃物を寄せつけなかった。この食人鬼はある晩、風のように牡鹿館に忍び込むと、宴に疲れ果てて眠っていた三十二人の勇士を太い腕で次々と絞め殺した。

その翌日から、牡鹿館は恐怖の巣窟と化した。グレンデルは夜な夜な牡鹿館に現れ、人々をなぶり殺しにしていった。何人もの勇士がこの怪物に挑んだが、食人鬼の硬い肌には剣も役に立たず、次々と餌食になっていった。王と家臣たちは対策を練ったが良い案もなく、夜の帳が降りると慌ただしく館を離れ、怪物の徘徊を止めることはできなかった。グレンデルがこの館の主となったのである。

ベオウルフの強腕

それから十二年が過ぎたある日、ひとりの屈強な男が牡鹿館の扉を叩いた。海を越えたゴート人の国から来た、ベオウルフという戦士である。ゴート王の従弟にあたるベオウルフは、これまで幾多の巨人や怪物を討った剛の者であった。グレンデルの噂を聞いた彼は、仲間と共にデンマークにやって来て、フロトガル王にグレンデル退治を申し出たのである。

ベオウルフと仲間たちは牡鹿館で夜の訪れを待った。グレンデルに刃物が効かないと知った彼は、潔く鎧兜を脱ぎ捨て、従者に剣を渡した。武器が通用しないなら、素手で組み打つつもりだったのだ。

果たしてその夜、グレンデルが襲来し、居眠りしていたゴートの戦士を食い殺してしまう。だがそのとき、ベオウルフがグレンデルの腕をつかみ、すさまじい力でひねり上げた。その怪力に驚いたグレンデルはベオウルフの腕を振りほどこうとするが、彼の指は万

力のように締め上げて離れない。駆け寄ったゴートの戦士たちはグレンデル目がけて剣や斧を振り下ろすが、硬い皮膚に弾かれてしまう。すべては両者の力比べにかかっていた。

やがてばきばきという音と悲鳴が館内に響いた。肩の付け根から両腕のもげたグレンデルは、のたうち回りながら荒野に逃げていき、とある湖に落ちて息絶えてしまった。

水魔との死闘

フロトガル王とデンマークの民はベオウルフに感謝し、牡鹿館で盛大な宴を開いた。だが食人鬼の死に怒りをかき立てられた者がいた。グレンデルを生んだ母親の水魔である。彼女は夜闇に乗じて館に入り込むと油断していた戦士たちに襲いかかり、ひとりの戦士と、グレンデルの腕を持ち去った。祝宴は再び血塗られた惨劇の場となった。

　翌朝、ベオウルフは怪物の行方を追った。湖のほとりには拉致された戦士の無残な死体が横たわり、足跡はそこで消えていた。ベオウルフは鎧に身を固め、ためらうことなく湖に潜った。

　待ち構えていた水魔はベオウルフを長い腕で引き寄せた。だが水魔の爪も、彼女の手下の魔物たちの牙も、ベオウルフの鎧を貫くことはできない。そこで水魔はベオウルフを水中の住処に引きずり込んだ。そこは水中の洞窟で、略奪した武器や財宝が積み上げられていた。ベオウルフは水魔と組み打ちしたものの、ついにその怪力に捕えられ、岩棚の下に組み敷かれた。そのとき、ベオウルフは傍らにあった略奪品の中から、黄金の柄の剣をつかみ取り、夢中で切りつけた。その剣は太古の巨人たちが鍛えた魔剣であった。触れるや否や剣は炎を放ち、怪物を焼き尽くした。

　こうしてベオウルフはデンマークを脅かした魔物どもを討って凱旋した。ベオウルフの武名は高まったが、彼は少しも驕らなかったのでいよいよ皆から尊敬され、やがて推されてゴートの王となり、平和に国を治めたのである。

ベオウルフ対火竜

地域：西欧
時代：古代
出典：『ベオウルフ』
英雄：ベオウルフ／王
敵：火竜／竜
退治法：武勇

災厄の火竜

ベオウルフがゴートの王となって四十年が過ぎた。その間、ゴート人は偉大な王のもとに平和と繁栄を謳歌した。歳月を経てさしもの勇士も老い、その髪は白く染まり、顔には深い皺が刻まれていた。ところがそのときになって、思いも寄らぬ災難が老王ベオウルフとゴート人の上に降りかかったのである。

ゴートの国の山中にひとつの洞窟があった。たまたまそこに忍び込んだひとりの奴隷が、莫大な財宝が隠されているのを見つけ、その一部を持ち帰った。ところがこの洞窟は、巨大な火竜の住処だったのである。

宝を盗まれて怒った火竜は翼を羽ばたかせて舞い上がると、小癪な人間どもの土地に襲いかかった。聞くものの魂を凍りつかせる雷鳴のような吠え声が響き、巨大な影が地上に舞い降りると、あらゆるものが焼き払われた。緑の国土は文字通り焦土と化したのである。

老雄立つ

国土の荒廃を目にし、民の悲嘆を耳にしたベオウルフは、襲撃から生き残った騎士たちを呼び集めると竜退治に赴くことを告げた。騎士たちは驚き、誰もが老王の身を慮って引き止めようとした。いかにベオウルフであろうと、白髪の老人が強大な火竜に立ち向かうとは、正気の沙汰とは思えなかったのである。

ベオウルフも、かつてのような腕力が残っていないことは承知していた。だが民を守るために戦うことが王の義務であり、強大な敵に挑戦し、華々しく戦うことが戦士の道だと彼は信じていた。

こうしてベオウルフは火竜の洞窟に向かった。洞窟の前に騎士たちを待機させた彼は、火炎避けの鉄の盾を握ると、ただひとり暗い洞内に老軀を進めていった。そして、それは二度と還らぬ道であることも知っていた。

勇士は還らず……

ねぐらに戻っていた火竜は、小っぽけな挑戦者と向かい合った。雷鳴のごとき咆哮をものともせずに突進したベオウルフは、火竜の放つ火炎を鉄の盾で払いのけ、虹色にきらめく鱗に宝剣ネフリングを振り下ろした。激しい死闘が続いた。王の鎧は竜の放つ毒で黒くただれ、宝剣は竜の鱗と共に砕け散った。ベオウルフは若き日のように組み打ちで勝負を

つけようと、竜の口ににじり寄る。思わぬ手傷に火竜は荒れ狂い、鉄の盾をはね飛ばすとベオウルフの喉首に迫った。

この頃、王の騎士たちはなす術もなく死闘を見守り続けていた。だが老王の一族の若者、ウィグラフはこの壮烈な光景に耐えきれず、炎をくぐって駆け寄り、竜の巨大な顎に剣を貫き通した。竜の動きは一瞬弱まり、ベオウルフはこの機を逃さず残った短剣で竜に切りつけた。竜の口から放たれる火炎は次第に弱まり、ちろちろとした炎になってついにやんだ。

戦いはついに終わった。さしもの火竜も黒焦げの骸となって横たわっていた。だがベオウルフもまた、竜の毒に冒され、洞窟の岩棚に倒れた。

ベオウルフはウィグラフに命じて財宝

を運び出させると言った。

「わが命は無駄にはならなかった。この宝はきっと民の役に立つだろう。私が死んだら、海に突き出た岩の上に塚を築いてくれ。海を行く者たちによく見えるようにな」

そう言うとベオウルフはウィグラフを祝福して目を閉じた。

人々は竜の財宝を、海に突き出た岬に積み上げた。ベオウルフの亡骸は女たちの悲歌に送られ、財宝の上に横たえられて火葬に付された。老王の亡骸が灰に還った後、岬には遺言通りに高い塚が築かれた。そして荒海を行く人々は、岬の塚を目にする度に、ベオウルフの武勇を語るのだった。

トリスタン対竜

地域：西欧
時代：古代
出典：『トリスタンとイゾルデ物語』
英雄：トリスタン／戦士
敵：竜／竜
退治法：武勇

悲しみの子トリスタン

ローヌ王リヴァランは、タンタジェル城主マルク王の盟友だった。勇敢で友情に厚いリヴァランはマルク王から頼りにされ、王の妹ブランシュフルールを娶った。ところがリヴァラン王は仇のだまし討ちに遭って殺されてしまう。身重の王妃はこの悲しみに耐えきれず、四日後に王子を生むとトリスタン（悲しみの子）と名づけて息絶えた。

忠義な家来たちに身分を隠して育てられたトリスタンは、勇気と気品のある貴公子に成長した。狩人としてマルク王に仕えたトリスタンはおのれの出生の秘密を知り、父の仇を討ち果たして領地を取り戻した。しかし彼はひとりの騎士としてマルク王に仕え、叔父の恩義と愛情に報いる道を選んだ。

マルク王に無理難題を持ちかけたアイルランド王の使者モルオールを討ち果たしたことで、王の愛情はいよいよトリスタンに注がれる。王が甥に位を譲ることを恐れた諸侯は、王に妻帯を求めた。困った王は、窓から飛び込んできた燕が海から運んできた一筋の美しい金髪をつまみ上げ、この金髪の持ち主を妻にすると宣言した。内心では甥に位を譲るつもりだったので、わざと不可能にも思えることを言い出したのだ。だが誠実なトリスタンは、必ず黄金の髪の姫君を見つけ出し、連れ帰ると誓った。

トリスタンには海の彼方の金髪の持ち主に心当たりがあった。かつてモルオールの毒刃に冒されたとき、小船でたどり着いたアイルランドで黄金の髪の美女に介抱され、彼女の秘薬で癒されたことがあった。それはアイルランド王の娘でモルオールの姪、イゾルデだった。彼女はトリスタンの正体も、ふたりの未来に待つ運命もまだ知らなかった。

アイルランドの毒竜

トリスタンは商人に身をやつし、アイルランドの港町に潜入した。そこでは一頭の竜が国中を悩ませていた。竜は毎朝洞窟から降りてきて、町の城門前に口を開く。そしてひとりの乙女を捧げない限り、誰ひとりとして門を通過できないのだ。アイルランド王は竜を倒した者に黄金の髪のイゾルデを与えると国中に触れを出していた。二十人以上の騎士が竜に挑んだが、全員食い殺されてしまっていた。

これを聞き知ったトリスタンは船内で武装を整え、明け方に城門へ向かった。竜は早速姿を現していた。大蛇のような頭に燃えるような眼を持ち、額には二本の角を生やし、耳は長く毛に覆われ、獅子の爪と蛇の尾を生やしていた。そして、その胴体はまるで鱗を生

やした鷲のようだった。

　トリスタンは竜に向かって突進した。槍は木っ端微塵に砕け散ってしまったので、トリスタンは剣を引き抜くと竜の頭に振り下ろした。しかし剣は傷ひとつ与えられず、鈎爪《かぎづめ》に盾が払われてしまう。竜は鼻から二筋の息を吐いた。毒の息はトリスタンの馬を殺し、彼の鎧は腐食して炭のように黒くなった。そのとき、トリスタンは毒にも負けず剣を構え直し、猛然と竜の顎に突進した。その剣は竜の口を貫き、心臓をふたつに割いた。

　竜は悲鳴を上げて息絶えた。トリスタンは証拠として竜の舌を切り取った。しかし竜の毒に冒された彼は、水を飲もうと傍らの沼地に歩み入り、そこで気を失った。

◎悲劇の始まり

　トリスタンが気を失っている間に、竜殺しの手柄は他の騎士に横取りされていた。これを疑ったイゾルデは沼地を調べ、トリスタンを見つけ出して介抱に励んだ。トリスタンの武具を見聞したイゾルデは、彼が叔父モルオールの仇であることに気づき、病床の彼に太刀を振りかざす。しかしトリスタンの礼儀正しい振る舞いと弁明に心を動かされ、復讐を思いとどまった。

　やがてアイルランド王の御前に赴いたトリスタンは竜の舌を示し、本当に竜を倒したのが自分であることを示した。王は約束通りイゾルデを与えることを誓った。そこでトリスタンは、自分がマルク王の使者であること、イゾルデが両国の平和の証としてマルク王の妃となることを一同に宣言した。

トリスタンはイゾルデと共にマルク王のもとに向かった。船上のイゾルデはトリスタンに裏切られたと感じ、誇りを傷つけられていた。しかしその船は予期せざる運命へふたりを運んでいく。ふとした過誤がもとで愛の秘薬を飲んでしまったトリスタンとイゾルデの間に、運命的な恋が芽生えてしまったのだ。その後、道ならぬ悲恋はトリスタンを、さらなる冒険と悲劇へと誘うことになる。

トリスタンとアーサー

騎士トリスタンとイゾルデの悲恋の物語は、アイルランドが舞台となっているように、ケルト伝説の中から生まれた。そのためトリスタンの物語は、後の時代になってアーサー王伝説の中にも取り込まれた。アーサー王の物語では、トリスタンはコーンウォールの王子で、モルオールは円卓の騎士のひとりとされている。モルオールを倒したトリスタンは、ランスロットと決闘して和解し、円卓の騎士の中に正式に迎え入れられて活躍している。

聖女マルタ対タラスクス

地域：フランス
時代：古代（一世紀頃）
出典：『黄金伝説』
英雄：聖女マルタ／聖女
敵：タラスクス／竜
退治法：信仰

生まれついての主婦

聖女マルタはパレスティナに生まれた。マルタとその兄妹たちは、当時パレスティナで布教を行っていたイエス・キリストの信者となっていた。あるときイエスがマルタの家を訪れたところ、マルタは早速かいがいしくイエスを世話した。その一方、マルタの手伝いをせずにイエスの話に聞き入っている妹のことを愚痴って、イエスにたしなめられている。少々世話好きだが飾り気のないマルタは、独身だったが主婦のようだった。

イエスが十字架にかかって昇天した後、弟子たちは迫害にさらされた。マルタも仲間たちと共に船に乗せられ、梶も帆もパンもないまま海上に流された。しかし神への祈りが功を奏し、無事に沿岸にたどり着くことができた。

マルタ一行が上陸したのは、ガリアのマッシリア（現在のマルセイユ）であった。話上手で親切なマルタはたちまち土地の人に気に入られた。そしてマルタのような女性が信仰するならと、多くの人がキリストの教えに入信するようになった。

ガラテアから来た竜

その頃、アルルとアヴィニヨンの間、ローヌ川のほとりにタラスクスという名の竜が住んでいた。この竜は獣と魚が合体したような姿で、胴体は牛よりも太く、馬よりも長く、口には剣のようにぎざぎざした歯が生えていた。

タラスクスは元来、アジアのガラテア地方から海を渡ってきたものだといわれ、海に住む巨大な怪物リヴァイアサンと、ガラテアの獣オナクスの間に生まれたものだと信じられていた。タラスクスは水中に潜んでは通りがかった人々を食い殺し、川を通る船の底を突き破って船を沈めていた。逃げるときにはあたり一面に汚物をまき散らすが、この汚物は触れるや否や炎を上げて燃え盛るのだ。このタラスクスのせいでローヌ川沿いの交通は絶えてしまい、人々は大変な迷惑を被っていた。

困り果てた人々はマルタに話を持ち込み、竜を何とかしてくれないかと頼み込んだ。マルタはこの話に驚いた。何しろ彼女ときたら生まれついての主婦で、狩りすらしたことがないのだ。けれども気の優しいマルタは人々の頼みを断りきれず、ローヌ川に出かけることにした。

優しき祈りの力

竜が出るというあたりにさしかかったマルタは、おそるおそる森へと入っていった。す

るとほの暗い森の木陰から、木を踏みしだくような音や蒸気のもれるような音が聞こえる。こわごわ近づいたマルタは目を見張った。おりしも竜が通りがかりの村人を襲い、屍を食い散らかしているところだったのだ。

次の瞬間、マルタは勇気を奮って進み出た。この恐ろしい魔物から人々を守りたい一心で、用意してきた聖水を竜に振りかけ、携えた十字架を突きつける。そしてキリストに加護を祈りながら、必死で竜をたしなめた。

すると何ということか、タラスクスはたちまち力を失い、仔羊のようにおとなしくなって草むらにうずくまった。マルタはそっと腰帯を外すと竜を縛り上げた。その頃、こわごわついてきた人々がようやくマルタに追いついた。彼らはマルタの帯に縛り上げられたタラスクスを見ると歓声を上げ、たちまち石と槍で竜を打ち殺した。それからというもの、この地方は竜の名にちなみタラスコンと呼ばれるようになった。

タラスクスを退治したマルタは、人々に請われてアヴィニヨンにとどまった。人々は彼女に謝礼を出そうとしたが、その後も彼女の暮らしぶりは何も変わらなかった。一日一食の質素な暮らしを続け、キリストに祈りを捧げ続けた。ときには町に出て人々にキリストのことを語り、訪問者は温かくもてなした。またあるときには人に請われて仮死状態の者や病人のために祈り、彼らを癒したという。

やがてマルタの前にキリストが姿を現し、彼女に死が訪れることを告げた。その言葉通り病の床に就いた彼女は一年後、彼女を慕う者たちに聖書を読んでもらいながらこの世を去った。

聖杯伝説

聖女マルタがフランスに逃れたというのは、『新約聖書』のどこにも書かれていない伝説である。中世のヨーロッパではキリストの弟子たちを自分の土地に関連づけた伝承が数多く生み出された。

そうした伝承の中で一番奇想天外なのが、キリストの義父であるアリマテアのヨセフの亡命である。ヨセフは息子の死後、弾圧を逃れて西へ赴き、ブリテン島のグラストンベリーというところに住み着いたという。ヨセフはキリストが「最後の晩餐」で使用し、処刑の際にキリストの血を受けた盃を持ってきていた。つまりこれがアーサー王伝説にまつわる聖杯（ホーリーグレイル）というわけだ。

もっとも、イエス・キリストが生きたのはローマ帝国の最盛期だった。地中海は帝国に統一されて船旅も安全だったので、イエスの関係者が西欧へ逃れるのもあながち不可能ではなく、伝説のもとになる何かの事件があったのかもしれない。

聖ゲオルギウス対竜

地域：アフリカ
時代：古代（三世紀頃）
出典：『黄金伝説』
英雄：聖ゲオルギウス／戦士
敵：シレナの毒竜／竜
退治法：武勇

シレナの毒竜

ローマ帝国の末期、アフリカ北岸のリビアにシレナという町があった。

シレナの町の近くには青々とした美しい湖があったが、いつの頃からか毒気を吐く竜が住み着き、人々を寄せつけなかった。やがて竜はシレナの城壁の下までうろつくようになり、竜の吐く毒息によって多くの人々が病に倒れた。市民たちはやむなく毎日二頭の羊を与えて竜を宥めることにした。だが貪欲な竜はいっこうに満腹にはならず、羊は日に日に減っていった。困った市民たちは、羊一頭とくじ引きで選んだ若者を犠牲に捧げるようになった。

町の息子や娘たちがほとんど姿を消した頃、シレナの王のひとり娘がくじに当たった。王は娘を見逃してくれるよう市民に懇願したが、子供たちを失い、悪疫と飢餓に苦しむ市民は耳を貸さず、王女を差し出すよう宮殿に押しかけた。やむなく王は娘に王女の衣装を着せ、涙ながらに湖へと送り出した。

◈放浪の騎士

湖にたどり着いた王女が、我が身の悲運を悲しみながら涙にくれているときである。荒野の彼方から、馬に乗って何者かが近づいてくる。それは甲冑を着たひとりの気高い騎士であった。これぞ聖ゲオルギウスその人である。

事の次第を王女から聞き出した聖ゲオルギウスは王女をなぐさめ、竜から救い出すことを約束した。そこへ湖の波が逆巻き、竜が姿を現した。王女は恐怖に震えながらも、無関係な騎士に逃げるよう勧めた。

聖ゲオルギウスは素早く十字を切ると拍車を蹴り上げ、馬を駆って竜に突撃した。聖ゲオルギウスは竜の顎をかいくぐり、神に加護を念じながら、携えた長槍を満身の力を込めて突き入れる。次の瞬間、竜は地響きを立てて波打ち際にくずおれた。

ゲオルギウスは馬から降り、王女に呼びかけた。

「あなたの腰帯をほどき竜の首に投げかけなさい。恐れることはありません」

王女がこわごわ腰帯を投げかけると、竜はまるで仔犬のようにおとなしくなり、王女の足下にうずくまった。

聖ゲオルギウスと王女は竜を連れてシレナの町に向かった。シレナの市民は竜を見ると肝を潰し、山や洞窟に逃げ込んで泣き喚いた。聖ゲオルギウスは雄々しく片手をかざして市民に呼びかけた。

「恐れることはない。神は竜を倒すために、私をこの地に遣わされたのだ。だからキリストを信じ、洗礼を受けなさい」
この言葉を聞くとシレナの王は真っ先に洗礼を受け、二万人の市民がそれに続いた。市民の洗礼がすむと聖ゲオルギウスは剣を引き抜き、一打ちに竜を殺した。竜の屍は八頭の牛に引かれ、荒野に運び出された。
国王は聖母マリアと聖ゲオルギウスに感謝して教会を建てた。すると祭壇から清水がこんこんと湧き出し、それを飲んだ病人たちはたちまち悪疫から癒された。王はお礼に莫大な財宝を差し出したが、聖ゲオルギウスはそれを貧しい人々に分配し

た。そしてキリストを信じ敬い、貧しい人々には親切にするように王に言うと、再び馬にまたがって荒野の彼方へと消えていった。

地を耕す者

聖ゲオルギウスは小アジア（現在のトルコ）のカッパドキア地方に生まれたといわれる。ゲオルギウスの若い頃についてはほとんど知られていないが、地方領主の息子に生まれ、ローマ皇帝の軍人として武勇を上げたといわれている。パレスティナの反乱を平定するのに活躍した彼は、いつの頃からかキリストの教えに心を動かされた。そして突然すべての財産を投げ出すと、一介の騎士となって放浪を始め、キリストの教えを広めるようになった。

やがてディオクレティアヌスがローマ皇帝の座に就くと、キリスト教徒への迫害はにわかに強まった。甲冑を脱いで司祭の衣をまとったゲオルギウスは、皇帝を恐れることなく正面きって非難し、迫害をやめるよう求めた。彼は怒った皇帝の命によって拷問にかけられ、なおキリスト教を捨てなかったために首をはねられたといわれる。

時は下ってキリスト教会が確立した中世になると、竜を退治した聖ゲオルギウスは最も尊敬される聖者のひとりとなった。ゲオルギウスは十字軍騎士の守護者として崇められ、幾多の詩や絵画の題材とされた。ゲオルギウスという名前は「土を耕す者」を意味するとも、「聖なる戦士」を意味するともいわれる。確かにゲオルギウスは武勇の人だったが、同時にさまよう巡礼者だった。その意味で「土を耕す者」という名前のほうが、彼には似つかわしいかもしれない。彼は地の災いである竜を退け、大地の恵みを甦らせたからだ。

聖ゲオルギウスとガンマン

放浪の英雄が姫君を竜から救い出す、というシチュエーションはペルセウスの昔から古来より人気を博していた。その決定版が聖ゲオルギウスだが、彼は姫君とは結ばれずに去ってしまう。それは聖騎士がキリスト教に身を捧げていたからだが、ゲオルギウスは新しい英雄像を生み出すことになった。多くの犠牲を払って人々を救いながらも、自らは決して幸福を得ることはない、永遠の放浪者のイメージである。

このストイックな英雄像は様々な形で人々の心に根を下ろし、英雄神話に縁がないような時代にまで受け継がれている。

西部劇の名作「シェーン」は、舞台を置き替えた聖ゲオルギウス物語の好例だ。牧場の主婦を慕う流れ者のシェーンは、彼女の家族を脅かす無法者たちを決闘で倒すが、アウトローの掟に従って荒野へ去っていく。彼はアウトローのガンマンでありながら、貴婦人に献身する理想的な騎士でもある。

「シェーン」が与える感動は、新しい皮袋に盛られた古い美酒の好例といえるだろう。

アーサー王対巨人

地域：西欧
時代：古代（六世紀頃）
出典：『アーサー王の死』ほか
英雄：アーサー／王
敵：コーラングほか／巨人
退治法：武勇＆アイテム

アーサー王とエクスカリバー

ブリテン島の王アーサーは、騎士道物語の英雄として広く知られている。ここではアーサー王の前半生を中心に、彼の行った功業を紹介しよう。

アーサーはウーサー・ペンドラゴン王の息子として生まれた。母親のイグレーヌは元来、ティンタジェル公の妻であったが、魔法使いであるマーリンの援助でティンタジェル公に変装したウーサーの子を、それと知らず宿したのである。アーサーは生まれてすぐマーリンによって両親から引き離され、後に円卓の騎士のひとりとなるエクター卿に預けられた。

ウーサーが病没し、王を失ったイングランドが混乱に陥ると、カンタベリー大聖堂に一本の剣が姿を現した。それは鉄床に深々と突き刺され、「この剣を引き抜いた者がイングランドの王である」と柄に刻まれていた。諸侯や騎士が試みて誰ひとり抜けなかったこの剣を引き抜いたのは、いうまでもなく成長したアーサーであった。

王となったアーサーは、彼の即位に異を唱える各地の王や諸侯と戦った。この戦いの中で後に忠実な腹心となるペリノア王と一騎打ちした際、剣を折ってしまったアーサーは、湖の乙女から剣を授けられる。これが有名なエクスカリバーであった。

エクスカリバーは鞘から引き抜けば煌々と輝き、その鞘には負傷を癒す力があって、それを帯びる者は不死身の戦士となるのである。この名剣を得たアーサーは無敵の戦士となったが、また剣の力を狙う者たちが彼の敵となった。その最大の相手がアーサーの異父姉にあたる魔女モルガン・ル・フェイであった。

巨人コーラング

イングランドをほぼ平定した頃、北ウェールズのリエンス王がカメラードのロデグランス王を攻撃した。アーサーはロデグランス王を援助するため、騎士たちと共に出陣した。アーサーの援助を得たカメラード軍は最初のうち優勢だったが、ロデグランス王が乱戦の中で包囲され、捕えられてしまう。アーサーはロデグランスの救出に向かうが、その前に巨人コーラングが立ちはだかった。

身の丈五メートルを超えるこの巨人は、これまた怪物のような巨大な馬に乗り、長剣を振り回して襲ってきた。アーサーと巨人の激しい戦いが続いた。やがてエクスカリバーが一閃すると、巨人の身体は肩から胸まで断ち割られ、コーラングの首はがくりと片側にぶら下がった。巨大な馬も頭を半ば落とされて死した巨人を乗せたまま戦場をあてどなく逃げ回った。このすさまじい光景に北ウェールズ軍は士気沮喪《そそう》し、北へ退却していった。

城に帰還したアーサーは、救出したロデグランス王と共に戦勝の祝宴を開いた。そこにひとりの金髪の姫君が現れる。ロデグランスの娘グィネヴィア姫である。城壁から戦いを見守っていた彼女は、巨人を鮮やかな手並みで倒し、父を救った若き王に憧れた。アーサーもまた、この美しい姫に恋心をかき立てられ、戦勝の祝賀はすぐに婚約の祝いとなった。魔法使いマーリンのみは姫に不実の気があるとして王を諌めたが、アーサーは聞く耳を持たなかった。

聖ミカエル山の巨人

アーサーがブリテン島を平定すると、ローマ皇帝の使者が現れて貢納を求めてきた。アーサーはこの要求を決然と拒否し、皇帝を討つべく大陸遠征を開始した。

アーサーは大軍を率いてフランスへ渡り、大陸の諸侯たちと合流した。そこへブルターニュ公国の農民が姿を現し、アーサーに援助を請うた。聖ミカエル山というところに巨人が住み着き、略奪をほしいままにしているというのだ。巨人は長い間というもの付近の子供たちを食い殺し続け、ついにブルターニュ公の奥方までさらってしまったのだ。アーサーは早速、この邪悪な巨人を退治することにした。

アーサーは円卓の騎士、エドヴァアとケイを連れて聖ミカエル山に向かった。アーサーは

山の麓にふたりを待機させると単身、山を登っていった。途中で真新しい墓の側に火がたかれ、老婆がさめざめと泣いている。それはブルターニュ公の奥方の墓であった。老婆の忠告を受け、アーサーは足音を殺して山頂にある巨人の住処に向かった。

山頂にたどり着くと、巨人は夕食の最中であった。巨人は子供の死体を貪り食っている。その傍らには三人の貴婦人が捕えられ、十二人の赤子を刺した串を泣きながら回させられている。この無残な光景に怒りをかき立てられたアーサーは、岩陰から飛び出すと輝くエクスカリバーをかざし、堂々と名乗りを上げて巨人に戦いを挑んだ。

巨人は死体を放り出すと棍棒でアーサーに襲いかかった。アーサーは巨人の棍棒で王冠をはね飛ばされたが、エクスカリバーで巨人の脇腹を突き刺した。巨人は大きくよろめくが、棍棒を投げ捨ててアーサーにつかみかかる。

組み合った巨人とアーサーは、上になり下になりしながら、聖ミカエル山の斜面を転がり落ちていった。ついに山麓の平原まで転がり落ちたとき、アーサーは短剣を抜いて巨人の胸に突き立て、とどめを刺した。そこに待機していたエドヴァとケイが駆けつけ、巨人の腕から王を引き離した。

アーサーは騎士たちに命じて巨人の首をはね、城門にさらした。山には略奪されたおびただしい金銀財宝が積み上げられていたが、アーサーはそれを苦しめられていた人々にすべて分かち与え、山の頂上に教会を建てさせた。大陸の貴族や民衆は巨人を倒して人々を救ったアーサーに心服したのである。

最初の王にして最後の王

こうしてアーサーはローマ帝国との決戦に臨んだ。一騎当千の円卓の騎士たちの活躍と、大陸の民の支持によってアーサーは勝利する。ローマ皇帝を一騎打ちで倒したアーサーはローマに進軍、法王によって皇帝に載冠した後にブリテンに凱旋したと伝説は語っている。

しかしこの勝利は、物語のほんの序幕に過ぎない。アーサー王と円卓の騎士についてはさらなる長い物語と幾多のエピソードが語り伝えられているのだ。

やがて聖杯（ホーリーグレイル）の探索と、マーリンの予言したグィネヴィアの道ならぬ恋によってクライマックスを迎え、アーサー王の栄光は戦火の中で落日を迎える。

最後の戦いによって傷ついたアーサーは、エクスカリバーを湖の乙女のもとに返させた。そして、終生に渡って彼を苦しめたはずの姉モルガン・ル・フェイの胸に抱かれながら、船でアヴァロンの地へと運ばれていったのである。

アーサーは「最初の王にして最後の王」であり、いつの日にかブリテン島に帰還して再び栄光をもたらすと伝えられている。

アーサー王の帰還

ク・ホリンとの類似性にみられるように、アーサー王にはケルト民族の伝承が極めて色濃く残っている。しかし『ベオウルフ』を伝えたサクソン族の征服で、イングランドのケルト文化は破壊されてしまった。なのになぜアーサー王の物語は、濃厚にケルトの雰囲気を持っているのだろう。

アーサー王の伝説が最初に叙事詩として民衆に普及したのは、ブリテン島を追われたケルト系の子孫が住み着いた、ブルターニュ半島のあたりであったらしい。十一世紀にフランスからイングランドを征服したノルマン人は、イギリス・フランスの両方に領土を持つようになった。そのため十二世紀にフランスの詩人クレスティアン・ド・トロワによって集大成されたアーサー王の伝説が、フランスからイングランドに逆輸入されたらしいのだ。

衰亡したケルトの民が希望を託したアーサー王は、民間伝承の中で見事にブリテン島に帰還し、再征服を果たしたことになる。

ロジェロ対海魔オルク

地域：西欧（主にフランス）
時代：古代（八世紀）
出典：『シャルルマーニュ伝説』
英雄：ロジェロ／戦士
敵：オルク／怪物
退治法：武勇＆アイテム

騎士ロジェロ

イタリアの詩人たちの作った武勲詩をトマス・ブルフィンチがまとめた『シャルルマーニュ伝説』は、シャルルマーニュ（カール大帝）の周囲に集った多くの騎士や美女が登場する複雑な物語で、ロジェロはその物語の登場人物のひとりである。ロジェロは、トロイの英雄ヘクトルの子孫であった。彼の母親はロジェロを出産したときに死に、ロジェロは魔法使いアトラントに育てられた。

あるとき、アフリカの大王アグラマンらがフランスへの侵攻を計画するが、ロジェロを味方にせねば計画は失敗するという予言を受ける。ロジェロはアトラントによって世間から隠されていた。ロジェロを味方にするには、あらゆる魔法を打ち破る指輪が必要で、それはカタイ（中国）の王女アンジェリカが持っていた。この指輪を盗み出させたアグラマンはロジェロを一度は味方にし、フランスに攻め込む。だがロジェロは戦ううちに、キリスト教徒の女騎士ブラダマンテと出会い、なりゆきで行動を共にするうちに愛し合うようになっていた。

◈空飛ぶ馬ヒッポグリフ

一方ロジェロを失った育ての親アトラントは、ロジェロがキリスト教に改宗することを占いで知り、運命に逆らってロジェロを自分の手元に取り戻そうと画策した。そのために彼はピレネー山中にロジェロが気に入るような城を造り、乙女をさらって官能的な楽園を造った。ロジェロはその城に軟禁されてしまったが、彼を愛するブラダマンテが救出にくる。彼女は、魔法を打ち消すアンジェリカの指輪をアグラマンの一派から奪って入手していた。アトラントは、翼のある馬ヒッポグリフに乗り、相手の眼を潰し意識を失わせる魔法の円盾を持ってブラダマンテと対決する。しかし、ブラダマンテは指輪のおかげで盾の魔法にかからず彼に勝ち、ロジェロを救出した。

救出されたロジェロはアトラントが乗っていたヒッポグリフがまだいたので、これを捕まえて背に乗った。するとヒッポグリフは彼を乗せて飛び立ち、せっかく再会したブラダマンテとまた別れてしまった。ヒッポグリフの鞍にはアトラントの魔法の円盾がくくりつけられていたのだ。

◈海魔オルク

指輪のもとの持ち主アンジェリカはトラブルメーカー的な美女で、彼女は紆余曲折の末にアイルランド近くの島に置き去りにされていた。この島は、自分への信仰が薄くなったことに立腹したプロテウス神によって、オルクという巨大な海の怪物が送り込まれている。怪物オルクは、牙の並ぶ巨大な口で島民を食べた。島民が神託を伺うと、神の怒りを解くには島で一番美しい乙女を捧げるしかないという。そして、アンジェリカはその生け贄に選ばれてしまった。

そこへ通りかかったのが、ヒッポグリフを操れるようになったロジェロである。美しい乙女が海の岩に鎖で縛られているのを上空から見つけた彼は、事情を聞くと彼女を救うためにオルクと戦った。彼はヒッポグリフに拍車をかけてオルクの巨体に飛びかかり、槍で何度も突いたが、その鱗は岩や鉄よりも硬く、どこを突いても効果がない。そこで、ロジェロは、ヒッポグリフの鞍につけられた魔法の盾をオルクに向けた。するとオルクは感覚も運動能力も奪われ、腹を上に向けて海に浮かんでしまった。その間にロジェロはアンジェリカを救出した。

この後もロジェロは様々な冒険を続け、やがてキリスト教の洗礼を受けてブラダマンテと結ばれることになる。

大牙のジョフロワ対巨人ゲドン

地域：フランス
時代：古代（九世紀頃）
出典：『メリュジーヌ物語』
英雄：ジョフロワ・ド・リュジニャン／騎士
敵：ゲラーンドのゲドン／巨人
退治法：武勇

妖精の子ジョフロワ

フランスはポアティエの近くに、リュジニャン城という優美な城があった。ジョフロワ・ド・リュジニャンは、このリュジニャン城の城主レモンダンの六男坊に生まれた。ジョフロワは兄弟たちの中で一番逞しかったが、いささか粗暴でもあった。容貌も肉体も立派だったが、ひとつだけ変わった点があった。まるで牙のように鋭い歯が一本、口の外へと飛び出していたのだ。このため彼は「大牙の」ジョフロワと呼ばれていた。

このジョフロワに限らず、リュジニャン家の息子たちは皆、奇妙な肉体的特徴を備えていた。それは彼らが妖精の血を引いていたからだった。彼らの母メリュジーヌは、妖精の国アヴァロンから来た王女だった。リュジニャン城は夫レモンダンのために、メリュジーヌが魔法の力を借りて建てたものだった。そのメリュジーヌは夫に、土曜日に自分と会うことを禁じていた。彼女はその日だけ竜に変身してしまうからであった。

ジョフロワが成人した頃、南フランスの人々は災厄に見舞われていた。ゲドンという名の、身の丈五メートルはあろうかという巨人である。ゲドンはいたるところを荒し回り、略奪を行い、人々から貢物を取り立てていた。この噂を聞いたジョフロワは、巨人ゲドンを討ち果たすことを誓ったのである。

巨人との一騎打ち

ジョフロワはゲドンが、ゲラーンドという地のとある岩山の上に居城を築いていると知り、馬にまたがるとたったひとりで岩山に向かった。

ジョフロワは鉄槌を鞍に下げ、盾を構え、鋭い槍を脇に抱えて乗り込んでいった。ジョフロワの名乗りを聞いたゲドンは、鋼の大鎌を構え、片手に三本の鎖鎌を握り、帯に三本の槌を差すと、城の天守から降りていった。激しい罵倒の応酬の後に、両者はいよいよ戦いを始めた。

戦いはし烈を極めた。槍を構えて突進したジョフロワは、激しい一突きで巨人を転倒させた。思わぬ不覚を取った巨人は驚愕したが、鋼鉄の剣を振り下ろす。巨人の剣は馬の両前足を切り倒したが、危うくかわしたジョフロワはひらりと飛び降り、鞘から剣を抜き放つと巨人の大鎌を叩き落とした。

ゲドンはなおも鎖鎌を振り回し、ジョフロワの兜に強打を与えた。目がくらんだジョフロワは倒れた馬のところに戻り、戦槌を手に取ると巨人に叩きつけ、巨人の鎖鎌をはね飛

ばした。しかしゲドンも自分の槌を引き抜くと、騎士に投げつけた。今度は騎士の手から戦槌が飛ぶ。

騎士が素手になったとみたゲドンは大股で近づくと、騎士の取り落とした戦槌を奪い取った。だがそのとき、ゲドンには隙が生じた。ジョフロワは再び剣を引き抜くと渾身の力を込めてゲドンに振り下ろした。次の瞬間、ゲドンは片手を切断された。もがき苦しむ巨人にジョフロワは飛びかかり、その足を切り倒し、さらに兜目がけて振り下ろす。ジョフロワの剣は兜を打ち割り、ゲドンは頭を歯茎まで割られて息絶えた。

戦いは終わった。ジョフロワはゲドンの首を切り落とすと、ゲドンが持っていた異教徒の角笛を手に取り、高々と吹き鳴らした。

憤怒と報い

こうしてジョフロワはゲドンを討ち果たした。邪悪な巨人の横暴に苦しめられていた人々は、災厄が消え去ったことを喜び、ジョフロワをゲラーンドの領主に迎えた。しかしジョフロワのもとに、愛する弟フロモンが僧侶となったという知らせが届いた。弟が僧侶にたぶらかされたと思い込んだジョフロワは、憤りのあまり修道院を焼き払ってしまう。この粗暴な行為が原因となり、父レモンダンはメリュジーヌとの誓いを破ってしまう。竜の姿に戻ったメリュジーヌは、夫や息子に別れを告げてリュジニャン城の塔から飛び去ってしまった。

おのれの非を悔いたジョフロワは、行いを改めて立派な騎士となった。やがてジョフロワはリュジニャン城主の地位を継いで修道院を再興し、一族はヨーロッパの各地で繁栄したという。

妖精メリュジーヌ

妖精の王女が騎士と結ばれ、魔法で城を建てたという伝説は、あまりに幻想的で史実としてそのまま信じられるとは考え難い。

だがメリュジーヌの子孫もリュジニャン城も歴史の中に実在した。南フランスのリュジニャン家は中世半ばまで繁栄を遂げた名門で、十字軍時代には中東で国王となった者もいる。現在は廃墟となったものの、華麗な『ベリー公の時禱書』の挿絵にリュジニャン城の面影を偲ぶことができる。その挿絵には、城塔の周囲を竜となって舞うメリュジーヌが描かれているという。

様々な形で語り伝えられていた『メリュジーヌ物語』がひとつの物語としてまとめられたのは、分裂して衰退しかけた一族が、リュジニャン城の支配権の証となる記録を残そうとしたためであったらしい。

いずれにせよ異界の妖精と人間の恋愛を、家の始まりとして誇りにしていたのは、キリスト教に縛られた中世ヨーロッパでは極めて異例のことだった。

トール対巨人たち

地域：北欧
時代：太古
出典：『エッダ』ほか
英雄：トール／神
敵：フルングニルほか／巨人・怪物
退治法：武勇

巨人殺しのトール

雷神トールはアスガルドの支配者、大神オーディンの息子である。トールは神々の中でも一番の力持ちで、群を抜いた勇士である。トールはスルーズヴァンガルを領有し、そこに建てた館ビルスキルニルは、部屋が五百四十もある世界最大の建物だった。トールは「歯をきしらせる」タングニョーストと「隙間ある歯の」タングリスニルという名の二頭の牡山羊を飼っていた。この牡山羊たちはトールの戦車を引くと同時に、トールの御馳走でもあった。この牡山羊たちは、殺してもその都度復活する、不死身の牡山羊だったのだ。

トールには彼自身の象徴ともなった三つの宝があった。ひとりでに手元に戻る魔の槌ミョッルニル、神々最強の力をさらに倍化させる力帯、鉄の手袋であった。

これだけの力と魔法の道具を彼が帯びていたのは、彼が神々の宿敵ヨトゥンヘイムの巨人たちと戦う戦士だったからである。ここでは、彼の巨人退治に関わる三つのエピソードを紹介しよう。

フルングニルとの決闘

ある日オーディンは愛馬スレイプニルを駆って巨人の国ヨトゥンヘイムを訪れ、自分の馬を自慢した。フルングニルはヨトゥンヘイム最強の巨人であったが、自分の持ち馬を馬鹿にされたと思い、怒り狂ってオーディンを追いかけ、ついには虹の橋を渡ってアスガルドに入り込んでしまった。

神々は巨人を宥めるために酒宴に招いたが、酒に酔ったフルングニルはいよいよ増長し、アスガルドなんか沈めてやると喚き散らす。そこに下界から帰ってきたトールが姿を現し、身のほど知らずの巨人に決闘を申し込んだ。

フルングニルは全身が石でできた巨人で、その石の心臓には三つの角が生えていた。彼は石の盾を持ち、武器として砥石を肩に担いでいた。さらに巨人族は戦いに備え、ひとりの男を粘土でこしらえた。モックルカーヴィと名づけられたそれは、身長七十キロメートルはあろうかという途方もない巨人であった。

トールはシャールヴィ神をお伴に、山羊に引かせた戦車で決闘の場へ向かった。ふたりの巨人はグリュートトゥーナガルの原でトールを待ち受けた。雷鳴と共にトールが姿を現したとき、粘土巨人モックルカーヴィは恐怖のあまり小便をもらしたといわれる。

トールは戦車から飛び降り、フルングニルに突進すると、すさまじい声を上げてミョッルニルの槌を投げた。巨人も両手に構えた砥石を投げつける。たちまち空中で雷鳴が轟き、砥石は槌に当たって真っ二つに割れた。片方は大地に落ちてすべての砥石の源となり、もう片方はトールの額にめり込んだ。

砥石を砕いたミョッルニルの槌は、そのまま宙を飛んでフルングニルの石頭を粉々に砕いた。巨人はどうと前のめりに崩れ、片足がトールの首の上に落ちた。一方、お付きのシャールヴィは、粘土巨人を手もなく片づけてしまった。

神々はフルングニルの足をトールからどけようとしたが、どうにもならなかった。そこへ生まれたばかりのトールの息子マグニがやって来て、ひょいとフルングニルの足を投げ飛ばしたのはさすがであった。けれどもトールの額に刺さった砥石は、ついに抜けずにトールの頭の中に残った。

◈女巨人の罠

トールは巨人と敵対していたばかりではない。息子のひとりマグニを生んだのは、女巨人のヤールンサクサだったし、彼と巨人族の戦いはどこかゲームのようにもみえた。ときにはトールが巨人族の策略に一杯食わされたこともある。また奪われた槌を取り戻すため、女装して巨人王の花嫁にさせられたこともある。このときに介添役を務めたロキ神は、悪知恵に長けた道化者で、神々の中の裏切り者でもあった。

ロキは巨人ゲイルレズの館に忍び込んで捕えられたことがある。ロキは自由を得るため、トールに得意の武器を持たせず館まで連れてくると誓った。もちろんゲイルレズが、素手のトールを殺そうとしていることは承知の上であった。

ロキの口車に乗せられたトールは、三つの宝を持たずに館に向かった。途中で女巨人グリーズの家に泊った彼は、ロキの裏切りとゲイルレズの罠について教えられる。グリーズは、彼女の力帯と鉄の手袋、杖をトールに貸し与えた。

やがてヴィムルの川にたどり着いたトールは締め直した力帯にロキをつかまらせ、杖をついて川を渡った。ところが川の中ほどまで来ると水かさが急に増し、肩のあたりまでかかってくる。押し流されそうになったトールが周囲を見ると、ゲイルレズの娘ギャールプが川の両岸をまたいでいた。彼女が川の水かさを増しているのだと気づいたトールは、石を投げてギャールブを追い払って向こう岸に渡った。

館に着くと、ゲイルレズはふたりを山羊小屋に案内した。その真ん中には腰かけがある。何げなくトールが腰かけると、突然椅子が天井へ持ち上がった。ギャールブと妹のグレイブが椅子の下に隠れていて、トールを椅子ごと持ち上げたのだ。何しろ女とはいえ巨人のこと、天井に押し潰されそうになったトールは、グリーズの杖をつっかえ棒にして石を下に押しつけた。すると轟音が響いて女巨人たちの背骨は折れてしまった。

最後にトールが館の中に招き入れられると、そこは一面に火が燃え盛っていた。ゲイルレズは火ばさみをつかむと、灼熱の鉄塊をつまみ上げ、トールに投げつけた。だがトールは鉄の手袋をしていた。トールが平気で真っ赤に燃える鉄塊を受け止めて頭上にかざすと、ゲイルレズは真っ青になって柱の陰に逃げ込んだ。トールが鉄塊を投げると、熱せられた鉄塊は柱を貫き、ゲイルレズの身体と壁を破って地面に突き刺さった。

こうしてトールはゲイルレズの罠を逃れた。

トールの大蛇釣り

また、あるとき、トールは巨人ヒュミルの家を訪ね、ふたりで漁に出た。ヒュミルはいつもの釣り場に到着したが、トールはさらに沖合に漕ぎ出させた。ヒュミルはこれより先へ行くとヨルムンガンドに飲まれると忠告したが、トールは特製の糸と釣り針を取り出すと船を沖に向かわせた。

ヨルムンガンドとは、ロキが女巨人アングルボザとの間に作った三人の子供のひとりだった。ちなみに残りはフェンリル狼と地獄の支配者ヘルである。ヨルムンガンドはアスガルドの神々によって、大洋を取り巻く淵の底に投げ入れられたのだが、海底で大地を取り巻き、自分の尾をくわえられるほどに成長したのである。

トールは牝牛を針につけると釣り糸を垂らした。蛇はたちまち餌に食らいついたが、針

が顎に刺さってもがき回る。トールは力を振るって糸を引き、足を踏ん張った。そのため船底を踏み抜いてしまったが、構わず海底に足を下ろして引っ張り続けた。

とうとう蛇が船べりに引き寄せられ、トールと大蛇はすさまじい形相で睨み合った。トールがとどめを刺そうとミョッルニルの槌を構えた瞬間、糸が切れて蛇は海中に沈んだ。糸を切ったのは、両者の格闘に恐れをなしたヒュミルだった。トールは巨人を張り飛ばした。そして足の裏を見せたまま海に突っ込まれた巨人を残し、のしのしと陸に戻っていった。

トールの腹立ちには理由があった。彼は地上をさすらい、巨人や怪物とひとりで戦い続けねばならなかった。神々と巨人族の最終戦争ラグナロクまでに、一匹でも多くの魔物や巨人を減らしておかねばならなかったのだ。

こうしたトールの努力もかなわず、運命の日ラグナロクはやって来る。このとき、さしものトールもヨルムンガンドと戦って相打ちになる。そして神々と裏切り者ロキ率いる巨人族の大半が死に絶えた後、トールの息子たちによって世界は再興されることになるのだ。

シグルド対ファーブニル

地域：北欧
時代：古代
出典：『シグルドの歌』
英雄：シグルド／戦士
敵：ファーブニル／竜
退治法：知略＆武勇

黄金の指輪の呪い

オーディン神がヘニール神とロキ神を連れて旅に出た。ある滝にさしかかったとき、鮭を捕まえようとしているカワウソを見たロキは、石を投げて双方を打ち殺しカワウソと鮭を手に入れた。

彼らはフレイドマールの館に一夜の宿を借りた。しかしロキが打ち殺したカワウソは、フレイドマールの息子オッタルの変身した姿だった。怒ったフレイドマールは、残るふたりの息子ファーブニルとレギンと共に飛びかかり、とうとう神々を縛り上げてしまう。オーディンは身代金を払うため、ロキを黒小人の王アンドヴァリのところへ遣わした。ロキは小人の隠していた黄金を残らず出させただけでなく、黄金を増やせる魔法の指輪を取り上げてしまう。アンドヴァリはこれを怨み、指輪の所有者に呪いをかけた。

黒小人の呪いは、黄金と指輪を手に入れたフレイドマールに及んだ。彼は黄金に目のくらんだ息子たちに殺された。そして、兄のファーブニルはレギンを脅して黄金をひとり占めにすると、巨大な竜に姿を変えて財宝を守り続けた。

◈竜の血潮

宝を奪われたレギンは鍛冶屋に身をやつしていたが、ある日シグルドと名乗る青年が弟子入りする。シグルドは、ヴォルスングのシグムンド王の遺児であった。宝を諦めきれないレギンはこの勇敢な若者に目をつけ、竜を殺して宝を手に入れようと持ちかける。レギンはシグルドと共に素晴らしい切れ味の剣を鍛え、グラムと名づけた。

シグルドはグラムを手に旅立った。竜が住むというグニタの原を目指したシグルドは、途中で謎めいた片眼の男と出会う。それは変装したオーディンだった。オーディンはファーブニルを倒すための秘策をシグルドに授けた。

グニタの原にたどり着いたシグルドは、オーディンの助言に従い、竜の通り道に穴を掘るとその中に身を潜めた。やがてファーブニルが姿を現した。かつて人間だったファーブニルは、黄金への執着により途方もない大きさの竜に姿を変えていた。しかしその執着心は、ファーブニルから知恵を奪い去っていた。油断していたファーブニルは、シグルドの隠れている穴に気づかなかった。シグルドは名剣グラムを握ると、頭上に山のような巨体をさらしたファーブニルの脇腹を刺し貫いた。

さしもの巨竜も柔らかい脇腹を刺されてはひとたまりもなかった。どす黒い血をまき散

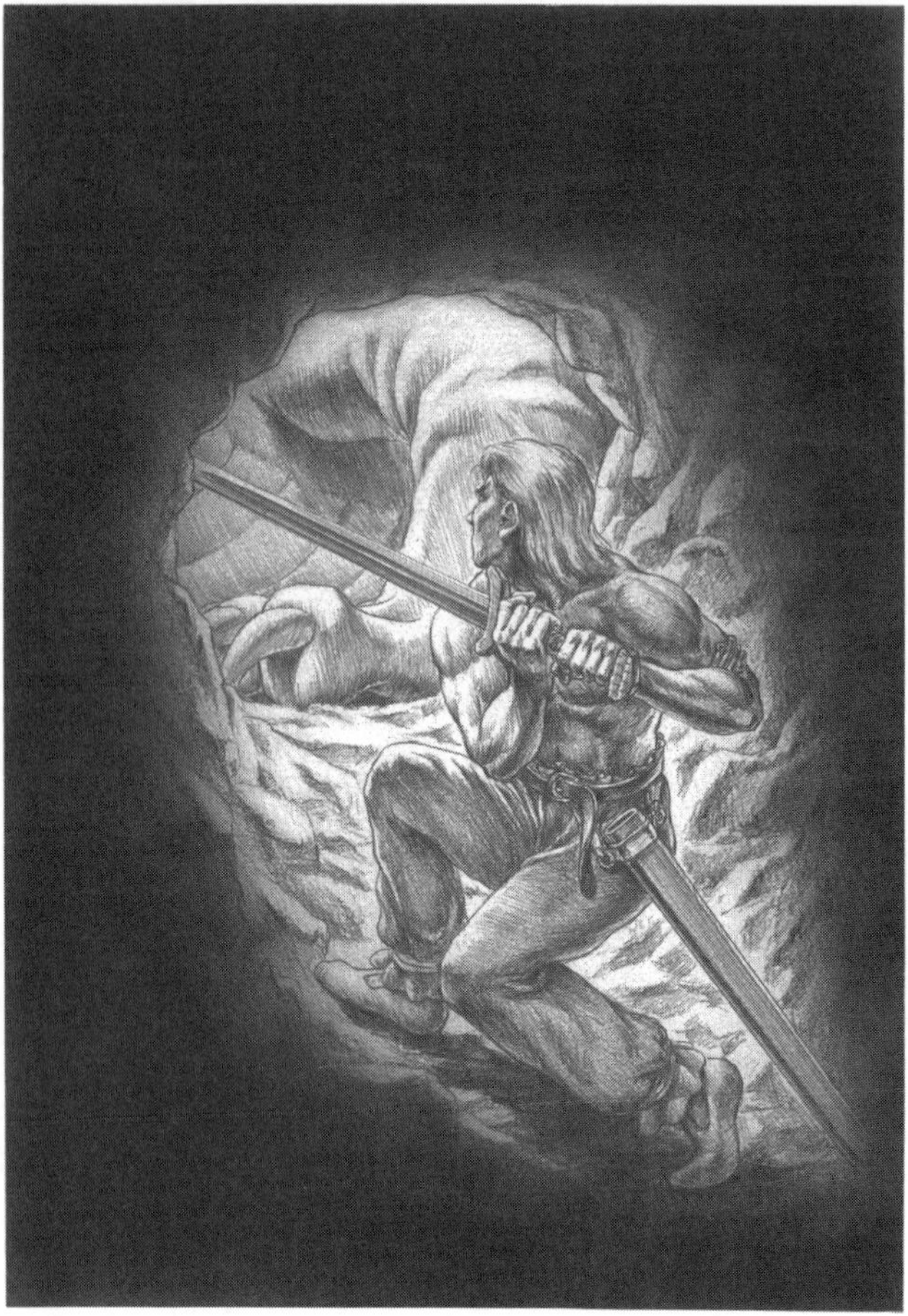

らしてファーブニルは息絶え、その血潮はシグルドを浸した。

裏切りの報酬

竜が倒されるとレギンが姿を現し、竜の傷口から流れる血をすすった。そして心臓を切り取ると、シグルドに焼くよう命じ、安堵のあまり一眠りしてしまう。気の良いシグルドは心臓を串焼きにした。もう焼けたか確かめようとしたシグルドは心臓に触れてみたが、熱さのあまり慌てて指を口にくわえる。心臓からにじみ出た脂が口に入った瞬間、あたりで鳴いている鳥たちの声が聞こえるようになった。

鳥たちは言っていた。

「シグルドは何も知らず心臓を焼いてるよ。レギンはシグルドを殺して宝をひとり占めしようとしてるのに。こちらから殺してしまえばいいのさ。そして心臓を食べたら、世界で一番賢い男になれるのに」

かくしてレギンの裏切りを知ったシグルドは、グラムでレギンを切り殺した。そして心臓を食べて知恵を身につけ、黒小人の宝を手に入れた。

シグルドは全身に竜の血潮を浴びていたので、その皮膚は刃も通らぬ不死身の身体となった。しかしただ一カ所だけ弱点があった。ファーブニルを刺したとき、肩にたまたま木の葉が落ち、血に濡れなかった部分があったのだ。

その後、宝物を得たシグルドは数々の武勲を上げる。彼はオーディンによって眠らされたワルキューレを目覚めさせ、美しい姫君を手に入れる。しかし肩の急所のことを聞き出した男の策謀によってシグルドも殺されてしまい、黄金の指輪をめぐる悲劇が繰り返されることになる。

『ニーベルングの歌』

シグルドの死とその後の事件については『シグルドの歌』で語られていない。アイスランドの叙事詩では、これらの事件は簡単に触れられるか、あまりまとまった形で伝えられていないようだ。シグルドの後半生について詳細に語られているのが、ドイツの叙事詩『ニーベルングの歌』である。『ニーベルングの歌』はジークフリート（シグルド）が、女戦士ブリュンヒルデやニーベルング族の財宝をめぐり謀殺されたいきさつと、ジークフリートの妻クリームヒルトの凄惨極まる復讐を語った長大な叙事詩である。ただし、ここではブリュンヒルデはワルキューレではなく、ファーブニル退治もほんの少し触れられるに過ぎない。

また、後に『シグルドの歌』と『ニーベルングの歌』を題材に、ワーグナーが独自の着想を交えて再構成したのがオペラ『ニーベルンゲンの指輪』である。

ヴァイナモイネン対ポホヨラの魔鳥

地域：フィンランド
時代：古代（十世紀以前）
出典：『カレヴァラ』
英雄：ヴァイナモイネン／魔術師
敵：ポホヨラの魔鳥／魔女の化身
退治法：知略&呪術

呪術師と魔女の国

カレヴァラの地に名高きヴァイナモイネンは年老いた賢者で、類稀《たぐいまれ》なるラウラヤ（呪歌の謡い手）だった。彼にはふたりの仲間がいた。太陽と月を鍛えた鍛冶師のイルマリネンと、若き呪術戦士レミンカイネンである。

彼ら三人の物語は、霧深き極寒の地ポホヨラと結びつけられている。ポホヨラは強大な魔女ロウヒが支配し、屈強な戦士や呪術師のいる恐るべき地であった。しかし同時にポホヨラの娘たちは可憐で美しかった。乙女たちは大空の虹に腰かけて黄金の布を織っていたといわれる。ポホヨラは、自然の神秘的な力を秘めた女たちの国であった。

英雄たちにとってポホヨラの女主人は手ごわい相手だったが、いつも敵対していたわけではない。三人は女主人ロウヒの娘に求婚し、イルマリネンが彼女を娶ったということもあった。

サンポの奪取

せっかく娶った妻が亡くなった後、イルマリネンは悲しみにくれていた。老ヴァイナモイネンは失意のイルマリネンに、魔法の臼「サンポ」をポホヨラから奪い取り、カレヴァラの地に豊かな実りをもたらそうと持ちかけた。

サンポは大地に恵みをもたらす魔法の臼である。サンポはそもそもイルマリネンがロウヒの求めによって鍛造し、その功によりロウヒの娘を娶ったといういわれがあった。

ヴァイナモイネンは呪歌で屈強な軍勢を生み出すと、イルマリネンと共に船で出発した。途中で行き合ったレミンカイネンを加え、一行は極寒のポホヨラを目指した。

ポホヨラの館に到着した一行は、女主人ロウヒにサンポを差し出すように求めたが、女主人は、にべもなく断る。ロウヒは三人を捕えるためポホヨラの男たちを召集するが、戦士たちはヴァイナモイネンの奏でる楽器カンテレの音色に眠らされてしまう。さらにヴァイナモイネンが魔法の眠り針で戦士たちの眼に眠りを塗り込め、ポホヨラ全土を眠りに陥らせた。その隙に三人はサンポを探し出し、首尾良く船に運び込むと脱出した。

砕かれた戦果

三人のサンポ奪取は成功したかにみえた。しかし三日後、船上のレミンカイネンの歌声に怯えた鶴がポホヨラの真上に飛来したため、魔法の眠りは解けてしまう。サンポの略奪

に怒った女主人ロウヒは「霧の娘」「靄《もや》の乙女」に命じ、一行の船を霧に迷わせる。ロウヒはさらに海魔イク・トゥルソを送り込むが、ヴァイナモイネンの一喝に退けられる。しかしこのとき、至高神ウッコの起こした大風でヴァイナモイネンのカンテレは海に運び去られてしまった。

ロウヒは剣士百人、弓手千人を乗せた帆船で三人を追跡する。敵が間近に迫ったとみると、ヴァイナモイネンは火口《ほくち》と火打ち石を海に投げ込んで岩礁を作り出し、軍船を難破させてしまう。

怒った女主人ロウヒは巨大な魔鳥に変身する。それは鷲に似ていたが、とてつもなく巨大だった。兵士たちを翼に乗せた魔鳥は船のマストに舞い降りると、その巨大な爪でサンポを奪おうとする。素早くレミンカイネンが切りかかった。しかし魔鳥は「お前はかつて、もう戦いには出ぬと母親に誓ったではないか。お前は母を欺くのか?」と、彼自身の誓いを盾に取ってレミンカイネンを威圧した。

そのとき、ヴァイナモイネンは好機が来たと察知した。船尾のオールを取り上げた彼は、すぐさま魔鳥の爪を打ち砕いた。小指を残して爪を砕かれた魔鳥は船首に墜落し、百人の剣士、千人の弓手は北の海に飲まれた。だが最後の瞬間、魔鳥は残された小指の先でサンポをつかみ、サンポは海へ落ちて砕け散ってしまった。

サンポの破片のいくつかは海の支配者アハトの下に沈み、海は豊かになった。ヴァイナモイネンは残りの破片を拾い集め、カレヴァラの岬に蒔いた。それがフィンランドにおける種蒔きの始まりだともいわれる。

『カレヴァラ』を生んだ国

『カレヴァラ』は北欧の小国フィンランドの生み出した英雄叙事詩である。

ヴァイナモイネンをはじめとする勇士たちの物語は長い間忘れ去られていた。しかし十九世紀半ばにロシアからの独立運動が高まった時代に再発見され、『カレヴァラ』を題材とした作曲家シベリウスの流麗な音楽とあいまって、フィンランド人の独立運動のシンボルとなった。

血生臭いゲルマンの神話と異なり、『カレヴァラ』は澄んだ美しさをたたえた物語であり、その根底には暴力への否定が存在する。ヴァイナモイネンたちの英雄が危機を乗り越え世界を動かすのは、根本的には歌の力と知恵である。どのような正当な理由であろうと、戦いは（「サンポ」をめぐる争いのように）勝者にも犠牲をもたらす空しいものである。

戦争が栄光よりも多くの悲惨をもたらす現代だからこそ、『カレヴァラ』の物語が再発見された意義は大きいだろう。

クー・ホリン対女魔たち

地域：西欧
時代：古代
出典：アイルランド神話
英雄：クー・ホリン／戦士
敵：オイフェとモリグー／女神
退治法：武勇＆知略

緋色の戦士

古代ケルト最大の英雄クー・ホリンは太陽神「長い手の」ルーの息子である。

当時のアイルランドは五つの王国に分かれていた。そのひとつアルスターを治めていたコノール・マックネッサ王の妹デヒテラはあるとき、コップの水ごと小さな虫を飲み込んだ。するとルーの息子をはらんだのである。生まれた子供はセタンタと名づけられたが、猛犬を素手で殺したことから「ホリンの猛犬」すなわちクー・ホリンと呼ばれるようになった。

クー・ホリンは美しく逞しい若者に育った。豊かな金髪を風になびかせ、金の胸飾りをつけた真紅の戦衣をまとい、赤い盾と魔槍ゲイボルグを携えていた。このゲイボルグは投げつけると無数の鏃《やじり》が飛び出し、ひとり残らず敵兵を貫くという、恐ろしい武器であった。戦いに際しては「灰色のマッハ」と「黒のセイングレンド」という二頭の名馬が引き、親友であるレーグの操る戦車に乗った。

このように美しさと強さを兼ね備えたクー・ホリンに、アイルランド中の女性が思いを寄せた。けれども彼が戦った相手には、なぜか女性たちが多い。女性といっても人間離れした女神や怪物じみた魔女であり、彼女たちとの戦いが彼の生涯を特徴づけている。

女戦士オイフェ

ルスカの領主フォーガルの娘エマに求婚したク・ホリンは、彼女の願い通りに優れた戦士となるためスカサハの城に赴いた。異界である「影の国」に住む女武芸者スカサハは、人間というよりも戦争の女神の類族であったらしく、試練を乗り越えた者に対して、驚くべき技や武器を教えてくれた。

荒野を越え、断崖を飛び越え、襲いくる怪物を打ち倒してスカサハの城にたどり着いたク・ホリンは一年の間教えを受けた。彼はスカサハから武術の極意を伝授され、魔槍ゲイボルグを与えられた。

「影の国」に滞在中、スカサハはオイフェという王女と戦うことになった。黄色の長髪を翻したオイフェは、非常に美しいと同時に「影の国」でも恐れられる狂暴な戦士だった。ク・ホリンの身を案じたスカサハは、ホリンが戦闘に加わらないよう薬で眠らせておいた。ところがク・ホリンには通常の分量では効果がなく、たちまちスカサハに追いついて戦場に現れた。

戦いが始まり、ク・ホリンはオイフェの最強の戦士たちを六人も殺した。激しい戦いの末に一騎打ちを申し出たオイフェに対し、ク・ホリンが名乗りを上げた。彼は師匠にオイフェの大事なものについて尋ねた。スカサハは「オイフェが最も愛するのは、二頭の持ち馬と戦車、そして御者だ」と教える。

やがて一騎打ちが始まった。両者は秘術を尽くして戦ったが、ふたりの力は甲乙つけ難かった。そのうちオイフェの抜き放った一撃で、ク・ホリンの剣は鞘まで打ち砕かれる。美しくも残酷な笑みを浮かべてオイフェがとどめを刺そうとしたとき、ク・ホリンは叫んだ。

「オイフェの戦車が、馬と御者ごと谷間に落ちたぞ！」

はっとなったオイフェの隙をク・ホリンは見逃さなかった。ク・ホリンは突進して女戦士の腰をつかむと肩に担ぎ上げ、スカサハの陣営まで走った。そしてオイフェを投げ下ろすと短刀を突きつけた。ク・ホリンは彼女を助命する代わり、スカサハとの和平を結び、人質を差し出すことを承諾させた。そしてもうひとつ、自分の子を生むということも。

やがてク・ホリンはオイフェに金の指輪を与えると、ゲイボルグを手にアイルランドに帰還し、エマと結婚した。後に彼はアイルランドにやって来たオイフェとの息子コンラと戦い、自ら手にかけるという悲劇を味わうことになる。

死の女神モリグー

アルスターはやがて、恐るべきメイヴ女王率いるコノート軍の侵略を受け、ク・ホリンが「赤枝の騎士団」を率いて立ち向かうことになった。

メイヴ女王と戦争の発端となった褐色の牛について詳細は省くが、このときク・ホリンはすさまじい姿を敵兵にさらした。興奮した彼の筋肉は硬直し、ふくらはぎが前に、膝や膞は後ろに硬直する。片方の眼は前方へ飛び出し、もう片方は額の奥深く入って膨れ上がる。そして口は耳まで裂けて泡を吹き、髪の毛は狂おしく逆立ち、頭頂《とうちょう》からは鮮血が柱のように吹き出して暗い霧をまくのだ。この血に飢えた姿にコノート軍は震え上がり、その進撃は幾度も阻まれた。

この戦いの最中、ク・ホリンは血のように赤い馬に引かせた戦車に乗り、灰色の槍を手にした緋衣の女と出会った。女は彼に愛を告白するが、戦いで頭が一杯だったク・ホリンがすげなく断ると、女はすさまじい呪いの言葉を吐き、烏に変じて飛び去った。女の正体は、ダーナの神々の中でも最も恐ろしい存在、戦いの女神モリグーであった。モリグーはバズゥ、ヴァハと共に戦争の三姉妹として知られるが、戦士たちを戦乱へと駆り立て、凶運の前触れとして現れる死の女神であった。

翌日、ク・ホリンはコノート軍の戦士ロフとの一騎打ちに臨んだ。両者が川の浅瀬で激しく打ち合っている最中、赤い耳を持つ巨大な牛が出現し、ク・ホリンに突進してきた。モリグーの化身である。ク・ホリンはロフの剣を払いながら、牛の片足を夢中で切り払った。ク・ホリンは再びロフと向き合った。すると足下に何かが触れる。見ると一匹の巨大な

鰻が足下に絡みついている。鰻を解こうともがく間にロフに切りつけられてク・ホリンは負傷した。さらに狼となってモリグーは襲いかかる。ク・ホリンは狼の片眼をえぐり出して追い払ったが、またしてもロフの剣を受ける。ク・ホリンの興奮は頂点に達した。あの恐ろしい姿を現すと、呆然とするロフにゲイボルグを向け、心臓を真っ二つに刺し貫いてしまった。

戦いを終えたク・ホリンは急に喉の渇きを覚えた。草地に上がった彼は、なぜかのんびりと牛の乳を絞っている老婆に出会った。ミルクを求めたク・ホリンに老婆は、祝福を与えてくれるよう言った。ク・ホリンはその通りに祝福を与えてミルクを飲んだ。気がつくと老婆の姿はなく、見上げるとモリグーが気味の悪い笑い声と共に飛び去っていった。ク・ホリンは祝福によってみすみす女神の傷を癒してしまったのだ。

だがこのときからモリグーは、この狂戦士をいよいよ愛するようになった。彼女はク・ホリンに様々な警告を発し、助力を与えるようになるのである。

ク・ホリンの死と再生

このように女神すら破って味方につけたク・ホリンであったが、最後はコノート軍の策略によって魔槍ゲイボルグを暴走させ、立ったまま壮絶な最期を遂げた。その死に際して一羽の鳥がク・ホリンの肩にとまると飛び去った。それはあのモリグーであった。彼女はク・ホリンの魂を連れ去ったのかもしれない。

ケルト人は魂の輪廻を信じていたが、モリグーも姿を変え、魔女モルガン・ル・フェイとして再び出現する。そして彼女の弟の中に、転生したク・ホリンの姿をみることができるだろう。魔槍を操る狂戦士ではなく、聖剣を振るう理想的な騎士、すなわち「過去の王にして未来の王」アーサーその人として。

ダーナの神々

ク・ホリンやフィン・マックールを語るときに欠かせないのが「ダーナの神々」である。一族の女神ダーナに由来する名を持つダーナの神々は、海の向こうからやって来て先住のフォモール族を破りアイルランドの支配者となった。しかし彼ら同様、後からアイルランドにやって来たミレー族に敗れたダーナ神族は、彼らに地上の支配を譲り渡して地下や海の彼方に去ったといわれる。アイルランドの文学者イェイツは、アイルランドに語り伝えられる地下の小さな妖精たちとは、ダーナの神々の末裔が衰退した姿ではないかと述べている。

また海の彼方に去ったダーナの一族は「常若の国（ティル・ナ・ノーグ）」で暮らしたといわれるが、アーサー王が運ばれたアヴァロンとは、このティル・ナ・ノーグだったのかもしれない。

ダーナの神々の衰滅の物語は、ちょうど日本神話の国つ神を思わせて面白い。

フィン・マックール対ピースト

地域：西欧
時代：古代
出典：アイルランド神話
英雄：フィン・マックール／騎士
敵：ピースト／悪霊
退治法：アイテム＆武勇

フィアナ騎士団とフィン・マックール

英雄ク・ホリンと「赤枝の騎士団」が活躍した三百年後。アイルランドから古きダーナの神々の時代は遠ざかりつつあったが、まだ人との交わりは完全に途絶えてはいなかった。

この頃のアイルランドはコーマック・マックアートが王として君臨していた。王はフィアナ騎士団という精鋭部隊を持っていた。騎士団員になるためには、様々な肉体的試練を乗り越え、十二冊の詩をそらんじ、各人が特別な誓約（ゲッシュ）を立てねばならなかった。武勇と知性、そして信義と礼節を重んじる選ばれた戦士たちの集団であった。

この頃、ダーナの神々の王「銀の腕の」ヌアダの孫娘マーナは、フィアナ騎士団の首領であったカムハルと結ばれた。だがカムハルは敵対するモアナ一族に殺され、マーナは深い森に隠れて男の子を生んだ。男の子は輝く金髪と雪のように白い肌をしていた。そのためこの少年は「白」を意味するフィンと呼ばれた。成長したフィンは、名高いドルイド僧のフィネガンに教えを請い、ボイン川に住む「知恵の鮭」フィンタンを食べて類稀《たぐいまれ》なる英知を身につけた。

やがてフィンは、コーマック大王の宮廷があるターラを訪れ、自分がカムハルの息子であることを明かして、王への奉仕を願い出た。コーマック王はフィンが容姿も振る舞いも立派な若者であることを大いに喜び、フィンを騎士に任じた。

ターラの悪霊（ピースト）

フィンが騎士となって間もなく、恐ろしい魔物（ピースト）がターラに現れた。

夜になると、どこからか美しい竪琴の音が聞こえてくる。不審に思った人々は、いつしかその快い音色によって、眠りに誘われてしまう。そして美しい音色を聞きたいばかりに、他のことは忘れてぼけたようになってしまうのだ。人々が眠り込み、あるいは恍惚としている間に、この怪物は正体を現し、ターラの町に火の玉を吹きかけて焼き払ってしまう。

この怪物の詳しい正体はわからない。しかし地上を追われて暗い冥界に去っていったダーナ神族……いわゆる妖精たち……の中のひとりだったのかもしれない。

人々が魔物に苦しめられていることを聞いたフィンは、王のもとに出かけて魔物退治を申し出、首尾良く魔物を倒したら父が就いていたフィアナ騎士団の首領にしてほしいと願い出た。王は快く承諾した。

魔の槍を駆って

フィンは父カムハルの従者をしていた老人を訪ねた。老人は青銅の穂先とアラビア黄金の目釘で作った魔法の槍を持っていた。その穂先には皮袋がかぶせられていたが、戦いに先立って袋を外し、穂先を額に当てると、その者は無類の強さと戦意を得るのだ。ひょっとするとこの槍は、ク・ホリンの操った魔槍ゲイボルグだったのかもしれない。老いた従者は主君の遺児に槍を快く与えたばかりか、その使い方まで教えてくれた。

その夜、フィンは魔法の槍を携えてタ－ラの丘に登った。やがてひとつの影が、月光の下を駆けてくるのをフィンは見た。やがて耳元に心地好い竪琴の音が聞こえると同時に、フィンは眠気に誘われた。

　フィンは槍の穂先を額に当てた。すると睡魔は一瞬にして払われ、闘志が湧き起こるのがわかった。近づいてきた影は、若者が眠りもぼけもせず、槍を構えているのに狼狽し、スリーブ・ファウドにある妖精の墓所へと逃走した。だがフィンは馬を駆って影を追跡し、その槍を突き立てた。そして妖魔の首をはね、ターラへ意気揚々と帰還したのである。

　こうしてフィン・マックールはコーマック王からフィアナ騎士団の首領に任命された。真っ先に服従を誓ったのは、彼の敵であったモアナ一族であった。フィンのもとに騎士団は最盛期を迎え、フィアナの騎士たちは妖精たちと親しく交わり、巨人や竜と戦い、さらには西の常若の国（ティル・ナ・ノーグ）へ赴くなど、不思議な冒険の数々を繰り広げるのである。

兵士の子イワン対十二頭の蛇

地域：ロシア
時代：中世または近世
出典：ロシア民話
英雄：兵士の子イワン／庶民
敵：十二頭の蛇／怪物
退治法：武勇

兵士の子、双子のイワン

あるところに、ひとりの農民がいた。彼の妻は身重だったが彼は兵隊に取られて戦場に向かった。残された妻は男の双子を生み、彼らを兵士の子イワンと名づけた。

やがてふたりは成人して怪力の勇士になる。ふたりは馬やサーベルを買おうとしたが、彼らがあまりに強いので、町では彼らに釣り合う馬や刀が入手できない。だが、帰りにふたりがすれ違ったひとりの老人に丁寧に挨拶すると、老人はふたりに魔法の名馬とサーベルを譲った。

やがてふたりが母のもとを離れて旅に出ると、分かれ道に出た。道標には「右に進む者は王になる、左に進む者は命を失う」とある。彼らの一方は、左の道でなぜ命を失うのか確かめることにした。彼らはハンカチを交換し、そのハンカチに血が現れたら兄弟が死んだ知らせなので亡骸を捜しにいくことを誓って別れた。右の道に進んだイワンは、ある国にたどり着き、王様に気に入られて王女と結婚した。

◈三匹の蛇との戦い

左の道に進んだイワンは、人々が悲しそうにしている国に出た。その国では毎日、青い海の灰色の石の下から、首が十二もある巨大な蛇が現れて人間をひとりずつ食べている。この国の王には三人の美しい娘がいたが、一番上の姫に生け贄の順番が回り、連れていかれたところだった。イワンは王女を助けにいき、彼女をつなぐ鎖をちぎった。やがて海から山が盛り上がるように巨大な蛇が現れる。イワンはサーベルを抜いてさっと一振りすると、十二の首を残らず切り落とした。その後、彼はこの国で借りた部屋に帰り、三日三晩眠った。イワンが眠っている間に水売りの男が、王女をナイフで脅して、自分が大蛇を退治したとの偽りの証言をするよう誓わせ、イワンの手柄を横取りしてしまう。王は彼を大佐に取り立てた。

間もなく十二の首の別の蛇が現れる。第二の蛇は、二番目の姫を寄越せと王に連絡した。イワンは再び姫を助けにいった。今度の蛇は口から火を吹いたが、結果は同じである。イワンは蛇を倒し、眠っている間に手柄を奪われた。水売りの男は将軍に出世する。

またしても別の蛇が現れて末の姫を要求した。今度の蛇は一番強く、吐く炎のためにサーベルが焼けて持っていられなくなった。そこでイワンは姫に、スカーフを水に浸してもらった。そのスカーフでサーベルの柄を包んで持ち、彼は第三の蛇を倒した。

妹の復讐

例によって水売りの男が手柄を横取りし、ついに末の姫と結婚することになった。それを聞いたイワンが宮殿に出かけた。彼のサーベルの柄に巻かれたスカーフを見た末の姫は、イワンの手を取り王に真相を告げた。王は立腹して水売りの男を絞首刑にした。そして末の姫を兵士の子イワンと結婚させ、ふたりは幸せに暮らした。

一方、彼の兄弟の、先に王女と結婚したイワンは、狩りをしていたときに美しい娘に出会った。彼女はイワンの魔法の馬が恐いと言う。が、このときのイワンの乗馬は普通の馬であった。苦手な魔法の馬がいないと知ると、娘は牝ライオンの姿になってイワンを飲み込んだ。

　ハンカチの血で兄弟の危難を知ったもう一方のイワンが捜しにくる。牝ライオンはこちらのイワンも娘の姿で油断させ、ライオンの姿になって飲み込もうとした。が、魔法の馬が駆けつけてライオンを押さえつけ、イワンを救った。イワンはライオンを脅し、兄弟を吐き出させた。ライオンは娘の姿になって許しを請うたため、ふたりは命を助けてやった。しかしふたりは恩を仇で返されることになる。ライオンはそれぞれのイワンに、子供や老人の姿に化けて近づき、彼らをずたずたに引き裂いた。このライオンの正体は、三匹の蛇の妹だったのである。

イリヤ・ムウロメッツ対イドリシチェ

地域：ロシア
時代：中世
出典：ロシアの伝説
英雄：イリヤ・ムウロメッツ／戦士
敵：イドリシチェ／巨人
退治法：武勇＆知略

勇士イリヤの誕生

ロシアがいくつもの王国に分かれていた時代のことである。キエフ王国の片田舎、チェルニーゴフの町の近くにイワンという農民がいた。貧しくも働き者のイワン夫婦は子宝に恵まれず、年老いてようやく男の子を授かった。その日は予言者イリヤの記念日だったので、子供はイリヤ・ムウロメッツと名づけられた。

イリヤは生まれつき手足が不自由で、生まれてから三十年というものは寝暖炉の上に座ったきりだった。しかしイリヤも両親も、神を怨んだりせず慎ましくも朗らかに暮らしていた。

ある日のこと、みすぼらしい三人の老人がイリヤを訪れた。彼らはイリヤ同様に身体が不自由だった。三人は震える手で聖像に十字を切ると、盃に満たした甘い蜜をイリヤに飲ませた。するとイリヤの体内からむくむくと力が溢れ、彼はたちまち立ち上がって、両親の畑をあっという間に耕してしまった。老人たちから、ロシア第一の勇士となって正教を守護するよう言われたイリヤは、その言葉通りに攻め寄せる異教徒を撃退し、チェルニーゴフの町を守った。

巨人イドリシチェ

異教徒を破ったイリヤはキエフの都を目指した。キエフに向かう街道はこの何年もの間、魔法を操る「鷲のソロウェイ」という「追いはぎ」によって人通りが絶えていた。だがイリヤはソロウェイを捕え、キエフのウラジミル王への手土産とした。

イリヤはウラジミル王から勇士として歓待されたが、すぐに兵を連れて国境の番所に向かった。そこでイリヤは何年もの間、異教徒タタール人を追い払い、白眼の怪物や裾長の幽霊といった連中を退治したのである。武勇に優れ、正直で贅沢を知らず、快活で機転の利くイリヤは、まさにロシアの大地が生み落とした勇士だった。

だが勇士に国境を守られていたせいか、都の警備はおろそかになっていた。その隙をついてキエフに現れたのが、イドリシチェという名の巨人である。イドリシチェは肩幅が二メートルもあり、その上にビール醸造釜のように大きな頭が乗り、髪は枯草のようにごわごわして汚らしかった。イドリシチェは意地汚く、毎日一樽のビールを飲み、山羊の丸焼きを一飲みにした。

この巨人はあっという間にキエフの門扉を破って宮殿に押し入ると、ウラジミル王や貴なったのである。

族たちを脅しつけた。王も貴族もなす術がなく、イドリシチェの給仕をさせられる破目に

◈イリヤの機略

この頃、国境を守備していたイリヤの前に（またしても）身体の不自由なみすぼらしい男が現れて施しを求めた。イリヤからなけなしの施しを受けた男は、キエフの出来事をイリヤに語った。イリヤは烈火のごとく怒ったが、やがて一計を案じると国境から姿を消した。

イドリシチェはその日も宮殿の広間で貴族たちを嘲りながら、さんざん食い散らかしていた。そこへ足を引きずったみすぼらしい男が現れた。

「どうだ、おれは貴様らの勇士なぞ片端からつまみ殺してやるぜ」

うそぶく巨人に男は言った。

「戦ってもいないのに、自慢するものじゃありませんよ」

「このヤロウ、おれにかなう奴はここにはいない。イリヤ・ムウロメッだけは別だが、奴は国境にいるし、おれほど飲んだり食ったりはできないさ」

「確かにイリヤは愚かな大食らいじゃない。あんたは食い過ぎて死ぬのがおちさ」

それを聞いたイドリシチェは真っ赤になると、卓を蹴り倒して男に躍りかかった。次の

瞬間、男は毛皮の帽子を脱ぐと巨人の頭にすっぽりかぶせてしまった。男は変装したイリヤだったのだ。イリヤは目を塞がれて戸惑う巨人を右手で押しつけて床に倒し、さんざんに踏みつけた。ようやく足を上げたときには、巨人は息絶えていた。

ウラジミル王と貴族たちは、イリヤの前に集まると深々と頭を垂れ、どうか将軍になってほしいと懇願した。イリヤは丁重にその申し出を断ると、再び国境に戻って番所に立った。彼は今でもそこに立っていて、母なるロシアの危機には駆けつけるのだという。

第二章

ギリシア・ローマ編

ヘラクレス対怪物たち（十二の偉業）

地域：ギリシア
時代：古代
出典：ギリシア神話
英雄：ヘラクレス／勇者
敵：怪物ほか／怪物
退治法：武勇

ヘラクレスの十二の功業

英雄ヘラクレスは大神ゼウスと、ペルセウスの孫娘アルクメネの間に生まれた。アルクメネには婚約者がいたが、好色な大神ゼウスが彼女を見初め、いつものように魔法と策略を使って彼女を身ごもらせたのだ。

ゼウスの妃ヘラは、夫が愛人との間に作った子供たちに敵意を抱いていたが、人間の母から生まれた子供に対する敵意は特に強かった。ヘラクレスがまだ赤ん坊のとき、ヘラは二匹の蛇を彼の寝ている揺籠の中に入り込ませた。ところがヘラクレスはまだ赤子だというのに、この蛇たちを握り殺してしまった。

成長したヘラクレスは、自分で倒した獅子の毛皮を身にまとい、ギリシア各地で武勇を現した。いよいよヘラクレスを憎むようになったヘラは、ヘラクレスをミュケナイ王エウリュステウスの奴隷に落とし、十二年間に十の仕事をこなすことを運命づけた。ここから「ヘラクレスの十二の偉業」といわれる活躍が始まる。

ネメアの獅子とヒュドラ

ヘラクレスが命じられた最初の仕事は、ネメアの谷間に住む獅子の毛皮を取ることだった。この怪物はただの獅子ではなく、女魔エキドナが息子の魔犬オルトロスと交わって生まれたといわれる、一切の武器が通じぬ怪物であった。この魔性の獅子は谷間を荒し回り、非常に恐れられていた。獅子の住処である洞窟に入ったヘラクレスは、棍棒や弓でこの魔物に立ち向かったが、無駄だとわかったので武器を投げ捨てて肉弾戦を挑んだ。そして獅子を素手で締め殺すと、肩に担いで意気揚々と引き揚げてきた。

次にヘラクレスは、アルゴス地方を荒し回る水蛇（ヒュドラ）の退治を命じられた。ヒュドラはアミュモネの井戸のほとりにある沼地に巣食っていた。ヒュドラは九つの頭を持つ、毒蛇のような怪物だった。ヘラクレスは得意の棍棒でヒュドラの頭を次々と叩き落とした。ところが頭をひとつ落とすと、そこから新しい頭がふたつ生えてきて襲いかかってくる。そこでヘラクレスは家来のイオラオスの力を借りて、叩き落とした首をすぐさま焼き払い、再生を阻止した。だが身体の中央にある頭が最後に残った。それは不死の首だったので、ヘラクレスは大きな岩の下に頭を埋めてヒュドラを退治した。

この後、ヘラクレスは黄金の角を持つケリュネイアの鹿とエリュマントスの猪の捕獲を命じられ、苦闘の末にそれを果たした。

馬と鳥と牛と……

五番目と六番目の仕事は一風変わったものだった。エリース王アウゲイアースの巨大な馬小屋を一日で掃除し、ステュムパーロスの森に集まった無数の鳥（一説にはこれも人食い鳥だといわれる）を追い散らすというものだった。

それが終わるとヘラクレスは、トラキアのディオメデス王が飼っている人食い馬やミノス王の牡牛を連れ帰った。ミノス王の牡牛というのは、アテネの王子テセウスが殺すことになるミノタウロスの父親である。

さらにヘラクレスは黒海のほとりにある女戦士アマゾンの国へ行き、女王ヒッポリュテの腰帯を取ってきた。このとき女王は喜んで腰帯をくれたのだが、女神ヘラの陰謀で戦争になってしまい、ヘラクレスは望まぬながらヒッポリュテを討ち取って心を痛めている。ついでにいうと、ヘラクレス訪問の打撃からアマゾンが立ち直る前に襲来したのがテセウスで、どさくさまぎれに次の女王アンティオペを奪い去っている。ミノタウロスの例といい、この英雄はヘラクレスのおこぼれを狙う癖があるようだ。

ゲリュオネウスの牛

こうした仕事を次々とヘラクレスが片づけると、エウリュステウスはいよいよ無茶な仕事を命じる。十番目の任務となる、ゲリュオネウスの牡牛の奪取である。

ゲリュオネウスは「紅の島」（現在のスペイン）を支配する王で、三つある身体が腹で接合し、六本の手足を持つ怪物だった。ゲリュオネウスの牛たちは真っ赤で、アレスの息子エウリュティオンと双頭の犬オルトロス（ネメアの獅子の父親でケルベロスの兄弟にあたる）に守られていた。

ヘラクレスは行く先々で無数の野獣や巨人と戦いながら西を目指した。その途中の冒険を挙げていったらきりがないので省くが、太陽に弓を射かけて太陽神ヘリオスを仰天させ、大洋を渡るのに手を貸してもらったという話も残されている。

こうしてヘラクレスは紅の島にたどり着いた。まず突進してきた魔犬オルトロスを得意の棍棒で倒し、続いて駆けつけたエウリュティオンも難なく殴り殺した。それからヘラクレスは牛の群れを追い立てながら帰途に着いた。

ところが牛の歩みの通りなかなか進まず、途中で略奪を知ったゲリュオネウスに追いつかれてしまう。怪人ゲリュオネウスが六本の腕で槍を振るって襲いかかると、ヘラクレスはつがえた弓を放った。何しろ太陽を狙ってヘリオスの肝を潰させた強弓なので、ゲリュオネウスはひとたまりもなく倒れた。

こうしてヘラクレスは紅の牛たちを追い立て続けた。途中では牛を狙う怪物や巨人と戦闘の連続だった。これまたきりがないので省くが、罠を張って牛を盗もうとした、火を吐く殺人鬼カクスを締め殺したりしている。こうしてヘラクレスは、血のように赤い牛たちをエウリュステウスのところに連れ帰った。

禁断の林檎

こうしてヘラクレスは十の仕事を八年一カ月の間に片づけた。しかしエウリュステウスは、ヒュドラ退治と馬小屋掃除は人の手を借りたことを理由に、さらなる難題を押しつけたのである。

エウリュステウスが十一番目に命じたのは、世界の果てヘスペリデスの禁断の園にある林檎を持ってくることだった。その林檎はヘラのお気に入りで、百頭竜ラドンと巨人アトラスの子供たちに守られていた。

ヘスペリデスの園への手がかりを求め、ヘラクレスはまず東へ向かった。コーカサス山脈に登ると、人類に火をもたらした罪で縛りつけられていた巨人プロメテウスの鎖を引きちぎり、解放したお礼に目的地のことを教えてもらった。それから教えられた通りに西の果てに向かった。

西へ向かう途中、ヘラクレスはリビアの巨人アンタイオスに行く手を塞がれた。アンタイオスは道行く者にレスリングを挑み、負けた者を殺していた。ヘラクレスはアンタイオスを何度か投げつけたが、その度にアンタイオスは力を増して立ち上がる。実はアンタイオスは地の神ガイアの息子で、母なる大地に身体が触れている間は無敵となるのだった。

とうとう彼を投げつけることでは負かせないとわかったヘラクレスは、アンタイオスを頭上に抱え上げ、地に触れることができないようにして締め殺した。

ヘラクレスが西の果てにたどり着くと、そこでは巨人アトラスが天を支えていた。アトラスは、ヘスペリデスの園に人間が入ることはできないと忠告した。そして林檎の木にまとわりつく百頭竜ラドンを殺し、自分の代わりに天を支えてくれれば林檎を取ってくるといった。ヘラクレスは弓を放って巨竜を追い払い、アトラスが実をもぎにいく間だけ天を支えてやった。アトラスはヘラクレスに天を担がせたままにしておこうと考えたが、それを察したヘラクレスは、逆にアトラスをひっかけて再び天を担がせた。

こうしてヘラクレスは林檎を持ち帰るとエウリュステウスに見せた。さすがにヘラの林檎をかじるのが恐かったらしく、エウリュステウスはヘラクレスに報償として与えた。ヘラクレスはといえば、かじりもせずにヘラに返却している。

地獄の番犬ケルベロス

最後にエウリュステウス王は、確実にヘラクレスを亡き者にしようと考え、ケルベロスを連れてくることを命じた。ヘラクレスはヘルメスとアテナに連れられて地獄に下り、冥界の王ハデスと談判した。ハデスは武器を使わずにケルベロスを負かすことを条件に、ヘラクレスの願いを聞き入れた。

ケルベロスは獅子のようなたてがみを持つ三頭の犬で、体毛は一本一本が蛇、尾は竜という怪物だった。ケルベロスは三つの頭でヘラクレスに吠え立て、蛇の体毛を絡めて彼の肉体に噛みついた。しかしヘラクレスは苦痛に耐え抜き、約束通り素手でケルベロスを取り押さえた。ヘラクレスはハデスの宮殿を去ろうとしたが、そこで思わぬ囚人に会う。あのテセウスである。こともあろうにハデスの妻ペルセポネを奪おうとして捕まっていたのだが、ヘラクレスはついでに彼を解放してやった。そしてヘラクレスは魔犬の頭を抱えたまま地上に戻り、エウリュステウスの前にやって来た。そして恐怖のあまり壺の中に飛び込んでしまった王を尻目に、再びケルベロスを地獄まで連れ帰った。

ヘラクレスはすべての仕事を終えた。エウリュステウス王も、地獄を往復してみせたヘラクレスにもう文句をつけなかった。こうしてようやくヘラクレスは自由の身となったのだった。

◈その後のヘラクレス

自由となったヘラクレスは、その後もイアソンのアルゴー探検隊に参加したり、ゼウスに反乱を起こした巨人軍（ギガンテース）と戦ったり、それこそ縦横無尽の活躍をした。やがてヘラクレスが死んで亡骸が火葬に付されると、ゼウスは彼の魂をオリンポスに迎え入れた。さすがにヘラも反対することはなかった。

こうしてヘラクレスは、星座となって天に輝くようになる。さらにヘラクレスの退治した怪物たちも、獅子座をはじめとして天上に飾られたのである。

オデュッセウス対ポリュペモス

地域：ギリシア
時代：古代
出典：『オデュッセウス』
英雄：オデュッセウス／戦士
敵：ポリュペモス／怪物
退治法：知略

オデュッセウスの放浪

トロイア戦争が終結した後、ギリシアの諸将は戦利品を積んで次々と帰国の途に着いた。しかしトロイア略奪に怒った神々によって、ギリシアの船団は難破し各地を漂流した。なかでも名高い木馬の計略でトロイアを陥れたイタケーの知将オデュッセウスは、十年間も地中海沿岸をさまよう破目になったのである。

リビアに流されたオデュッセウスはアフリカ沿岸を離れたのも束の間、見知らぬ海岸に漂着した。食糧を求めて上陸したオデュッセウスたちは、海岸から近い洞窟の中に仔山羊を見つけ、早速料理して宴会を開いた。何しろ久しぶりの肉だったので、彼らは自然と気が緩み、歌い踊って故郷を懐かしんだ。

だが彼らがたどり着いたのは、恐るべきキュクロプスの国であった。洞窟は巨人の住処だったのである。

一眼鬼の洞窟

キュクロプスは原初の天空神ウラノスと地母神ガイアから生まれ、ウラノスによって地獄（タルタロス）に落とされたひとつ眼の巨人たちだった。オリンポスの神々に解放されたキュクロプスたちは、その礼としてゼウスに雷を、ポセイドンに三叉矛などの武器を与え、各地に巨大な城壁を建てた。このように偉大なキュクロプスも、この時代には衰弱し食人鬼にまで堕落していたらしい。ただポリュペモスだけは、海神ポセイドンとニンフの間に生まれた子供という点で、他のひとつ眼の仲間たちとは違っていた。

日が暮れるとポリュペモスは、羊の群れを追い立てて外から戻ってきた。羊の群れを洞窟の中に入れると、ポリュペモスは巨大な岩を転がして入り口を塞いでしまった。オデュッセウスたちは慌てふためいた。ポリュペモスは侵入者に気づき、ただの人間だとわかると手を伸ばし、三人ばかりをつかみ上げるとばりばり食べてしまった。

オデュッセウスはポリュペモスの機嫌をとるため持っていた酒を勧めた。

「ほう、お前はなかなか気が利くな。名前は何ていうんだ」

「誰でもないですよ」

「よし、お前は一番後に食べてやろう。それがお前への褒美だ、ダレデモナイ」

酔いの回ったポリュペモスは大いびきをかいて眠り始めた。

オデュッセウスは転がっていた丸太の先端を仲間と一緒に尖らせ、火で焼いた。そして

皆で担ぎ上げると一気に突進してポリュペモスの眼を潰した。

ポリュペモスは悲鳴を上げて洞窟の中を転げ回った。すると外で地響きがしてキュクロプスたちがやって来た。

「誰に眼をやられたんだ、ポリュペモス？」

「ダレデモナイ、ダレデモナイだよ」

「誰でもないんだって？　過失なら仕方ないな」

キュクロプスたちは引き揚げていった。

夜明けが近づき、目覚めた羊たちが水を求めると、ポリュペモスは痛みに苦しみながら手さぐりで岩を動かした。オデュッセウスたちは羊の腹につかまり、群れに混じって抜け出すことに成功した。羊たちを首尾良く船の近くまで連れ出すと、オデュッセウスは振り向いて「やいポリュペモス、俺の本当の名はオデュッセウスだ」と叫んだ。

ポリュペモスは怒り狂った。彼はオデュッセウスによって盲目になると予言されていたからだ。巨人は大岩を担ぎ上げて次々と船に投げつけたが、目が見えなくては命中するはずもなかった。

一眼の代償

こうしてオデュッセウスは仲間三人の命と引き換えに羊を手に入れ、イタケー島目指して出発した。だがポリュペモスの眼を奪った代償は高くついた。息子のポリュペモスの失明を怒った海神ポセイドンがことあるごとに嵐を起こし、彼の帰還を妨げたからである。彼はなおも長い歳月、仲間を失って漂流と冒険を繰り返すことになる。

十年の歳月を経て帰還すると、オデュッセウスの妻は財産目当ての悪人たちから再婚を迫られていた。オデュッセウスは彼にしか引けない鋼の弓を引き、自分がオデュッセウスであることを示して悪人たちを殺した。帰還した彼が真っ先にポセイドンの神殿に犠牲を捧げ、謝罪と感謝を捧げたことはいうまでもない。

ヘルメス対アルゴス

地域：ギリシア
時代：古代
出典：ギリシア神話
英雄：ヘルメス／神
敵：「普見者」アルゴス／魔人
退治法：知略

白き牝牛の番人

大神ゼウスはあるとき、ひとりの美しいニンフを見初めた。ニンフの名前はイオといい、河の神イナコスの娘だった。

ゼウスはイオに言い寄ったが、妻である天の女王ヘラの視線を感じ、慌ててイオを牝牛の姿に変えた。案の定、夫の浮気を察してヘラがやって来た。彼女には夫ゼウスのすることなど何もかもお見通しだった。

ヘラは言った。

「なんとまあ美しい牝牛ですこと。あたしにくださいませんこと？」

浮気のばれかかったゼウスは、やむなくヘラにイオを与える破目になった。ヘラは牝牛の番を「普見者（パノプテース）」アルゴスに命じた。

アルゴスは全身に眼のある怪力の巨漢で、自分が殺した牡牛の皮を身にまとっていた。見るからに恐ろしげな姿だが、実は彼自身もひとりの英雄だった。彼はゼウスが最初に交わった人間の娘ニオベの子孫だともいわれている。アルゴスは家畜を奪うサテュロスを殺し、旅人を誘い入れては殺すという蛇身の女怪物エキドナを退治したことがあった。家畜の番人として、これほどうってつけの存在はなかったのだ。

ヘラに牝牛の番を命じられると、アルゴスはイオをオリーブの樹につないだ。彼の身体の無数の眼は片時も休まず牝牛を見張り、誰にも手出しさせなかった。

知略の神ヘルメス

牝牛に変じたイオの悲しげな鳴き声を聞くにつれ、ゼウスはいてもたってもいられなくなった。そこでゼウスはヘルメス神にイオの解放を命じた。

ヘルメスはゼウスの息子のひとりであった。翼のある兜と靴を身にまとい、二匹の蛇の巻きついた杖を携えた彼は、ゼウスの使者として天空を駆けた。ヘルメスは商業の神だが、一方で盗賊の守護神ともされたように、一筋縄ではいかない知略に富んだ神であった。

地上に降りたヘルメスはいつもの衣装を脱ぎ捨て、杖を携えた羊飼いの姿に変装すると、笛を吹きながらアルゴスに近づいていった。さすがに牛の番だけでは退屈だったのか、羊飼いの笛の音を聞きつけたアルゴスは、側に座って吹き続けるよう頼んだ。

アルゴスの隣に座ったヘルメスは面白おかしい話を聞かせ続け、アルゴスの警戒を解いていく。やがて夜が来るとヘルメスは再び笛を取り出し、物静かな曲を吹き続けた。笛の音でアルゴスを眠らせてしまおうとしたのである。たちまちアルゴスはうとうとし始めた。ところがヘルメスが見ていると、無数の眼のひとつだけはしっかり見開かれているではないか。

百の眼は羽根の上に

ヘルメスは作戦を変更することにした。ふと笛を吹きやめた彼は、その笛の由来についてアルゴスに語り始めた。

あるところにシュリンクスという美しいニンフがいた。サテュロスや森の精から求婚されたが、シュリンクスは誰にもなびかない。あるとき、パンの神が激しく彼女に恋慕して彼女の後をしつこく追いかけた。川岸に追いつめられたシュリンクスは川辺のニンフに助けを求めた。追いついたパンが彼女をかき抱くと、その姿は葦に変じてしまっていた。葦に吹き寄せる風が起こす、物寂しくも美しい音色を聞いたパンは、葦を切り取って束ねると笛にした。それが、自分が携えている笛の起こりなのである……。

ヘルメスがちらりと様子をうかがうと、アルゴスの最後の眼が閉じようとしていた。そしてアルゴスはがっくりとうなだれ、寝息を立て始めた。すかさずヘルメスが隠し持っていた剣でアルゴスの首を打ち落とすと、アルゴスは草むらへと転がり落ちた。

こうしてヘルメスはイオをアルゴスから解放したが、ヘラの怒りは収まらなかった。彼女は一匹のアブを放ち、イオをしつこく刺した。牝牛のイオはアブに追い立てられ、泣き

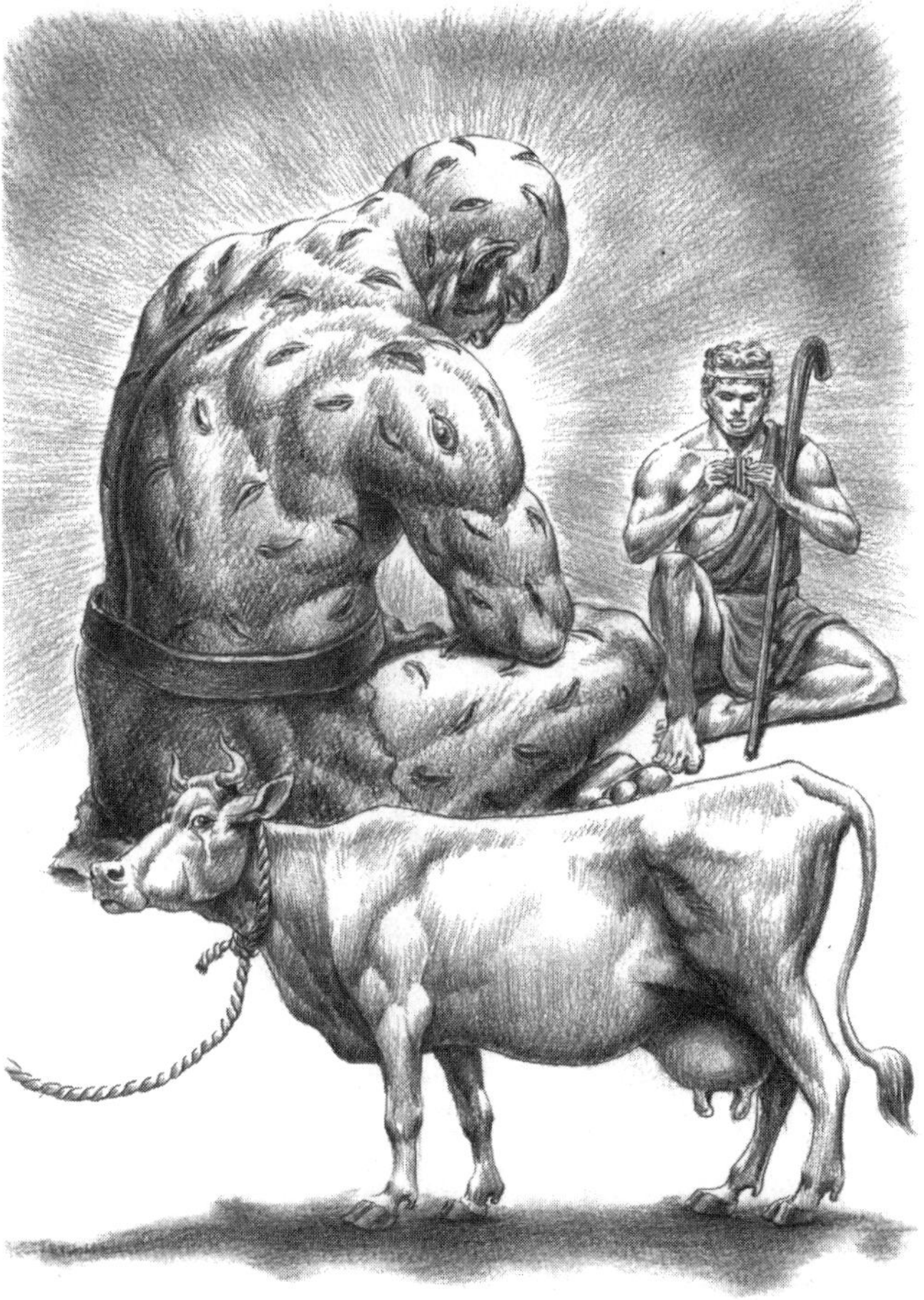

ながらヨーロッパ中をさまよった。この仕打ちはゼウスがヘラに詫びを入れ、怒りを解いたヘラが彼女をもとの姿に戻すまで続いたという。

アルゴスの屍からは、無数の眼がすっかり消え失せていた。言いつけに忠実に従ったばかりに命を落とした番人を哀れんだヘラは、亡骸から眼を取り出すと自分の孔雀の尾の飾りにしたのだ。それ以来、孔雀が尾羽根を広げる度に、アルゴスの眼は再び地上にまぶたを開くのだという。

エキドナの子供たち

〝普見者〟アルゴスが退治した怪物エキドナは、謎めいた存在である。

エキドナはアルカディア地方の洞穴に住む、上半身は美女だが下半身は大蛇という怪物だった。彼女は洞窟から上半身を乗り出して旅人を誘い、次々と食い殺していたといわれる。

エキドナは多情だったらしく、様々な子を生んだことでも知られるが、子供たちはそろいもそろってろくでもない怪物である。地獄の番犬ケルベロス、ネメアの獅子やアミュモネの井戸のヒュドラ、スフィンクス、ヘスペリデスの園のラドンなどなど。逆にいえば、嫌な怪物が現れるとみんなエキドナのせいにされていたのかもしれない。

アルゴスがもうちょっと早くエキドナを退治していれば、ヘラクレスの仕事も半分は減っていたかもしれない。

カドモス対竜

地域：ギリシア
時代：古代
出典：ギリシア神話
英雄：カドモス／王子
敵：マルスの蛇／怪物
退治法：武勇

白牛の悪戯

フェニキアの町テュロスの王アゲノルにはエウロペという娘がいた。ある春の日、エウロペとお付きの娘たちが渚で遊んでいると、一頭の白い牡牛が現れた。娘たちは人なつこいこの牡牛を可愛がった。ところがエウロペが背中に乗ると、牡牛はそのまま波間に入り、ずいずいと海を泳いで見えなくなってしまった。

アゲノルは息子カドモスに妹エウロペの捜索を命じ、連れ戻さない限り帰ることを禁じた。カドモスと家来はエウロペを捜し回ったがついに見つからない。実はエウロペを連れていってしまったのはゼウスだったのだ。ゼウスがエウロペを連れていったのは遠いクレタ島。エウロペはそこでテセウスにまつわるミノス王を生むことになる（百三十四ページ参照）。

今さら帰ることもできず途方にくれたカドモスは神にお伺いを立てた。そして神託に従い、一頭の牝牛に導かれてたどり着いた場所に町を建てることにした。

◈黄金の毒竜

牝牛はカドモスと家来たちをパノペの野に導いた。ここを安住の地と定めたカドモスは、ゼウスに感謝を捧げるための儀式を行うことを決め、家来たちに清水を取りにやらせた。カドモスは清水を取りにいった家来たちの帰りを待って一晩を明かした。ところが昼過ぎになっても彼らは帰ってこない。心配になったカドモスは彼らを捜しに出かけた。

このときカドモスは、獅子の毛皮をまとい、投げ矢と槍を携えていた。彼が森の中を歩いていくと、ひとつの洞穴を見つけた。すっかり藪に覆われたその洞穴の下からは、清らかな水がこんこんと湧き出ていた。泉に近づいたカドモスは息をのんだ。

そこには一頭の竜がいた。全身は黄金の鱗に輝き、毒の体液をしたたらせている。頭には鶏のようなとさかが生え、口には歯が三重に並び、三つの舌を震わせていた。泉の周囲には割れた水瓶の破片と家来たちの屍が散らばっていた。

カドモスは恐怖に震えたが、家来を失った怒りのほうが遙かに大きかった。カドモスは大石を担ぎ上げて竜に投げつけたが、相手はびくともしない。次に彼が投げた矢は大蛇の鱗を貫いて内臓を傷つけた。竜は身をのたくらせながら矢を口で引き抜こうとした。しかし鏃《やじり》は体内に残ってしまった。

竜は苦痛にのたくり、毒の息を吐きながらカドモスに迫ってきた。カドモスはじりじりと後退りしながら竜の顎を狙った。竜はカドモスの構える槍の穂先を噛み砕こうとした

が、勢いあまって木の幹に身体を打ちつけてしまう。その隙にカドモスは満身の力を込めて槍を投げつけ、竜を木の幹に串刺しにした。さしもの竜も、しばらくのたくっていたがやがて力尽きた。

竜の歯の戦士

復讐をなし遂げたが、死んでしまった家来たちは帰らない。悲しみにくれたカドモスだが、そのときどこからか声が聞こえてきた。その声の指示に従い、竜の歯を大地に蒔くと、そこから武装した戦士がにょきにょきと生えてきた。カドモスが彼らの間に石を投げ入れてみたところ、竜の歯から生まれた戦士たちは殺し合いを始め、最後に五人が残った。竜の歯から生まれた五人の戦士たちはカドモスに従い、一緒にテーバイの町を建設した。

テーバイの王となったカドモスは神々から祝福を受け、愛の女神アフロディテの娘ハルモニアを娶った。だがカドモスが殺した大蛇は、戦いの神アレスのものだったので、その報いで子供たちは次々と不幸な死を遂げ、やがてカドモス自身もテーバイを追われた。

カドモスは「たかが一匹の蛇を神様が大事にするのなら、自分も蛇になりたいものだ」と嘆いた。するとその肌はみるみる鱗に覆われ、手足がみるみる縮み始めた。そしてカドモスと妻ハルモニアは森の蛇になった。しかし人間だったときのことを覚えているので、人を見ても逃げず人を傷つけない、善良な蛇になったという。

女神と結ばれた男

テーバイの建国者カドモスが娶った妻ハルモニアは、愛の女神アフロディテと軍神アレスの間に生まれた娘であった。つまりれっきとした女神である。

人間の身で女神と結ばれ、それどころか結婚式に神々が列席して祝福するという幸運に恵まれたのは、ギリシア神話の中でも海の女神テティスを妻として英雄アキレウスをもうけたペレウスのほかに、数えるほどしかいない。

何しろ愛と美の女神の愛娘で、その名のごとく調和（ハーモニー）を司るとくれば、美貌も気立てもさぞや想像がつく、いや想像を絶するというものだろう。

だが父親がアレスとなると相手が悪すぎた。娘婿だろうと何だろうと、自分の権威を傷つけた者には容赦ない仕打ちを加えたのだから。可愛いはずの孫まで手にかけたのだから恐ろしい。カドモスは幸福なのか不幸なのか。

イアソン対竜

地域：ギリシア
時代：古代
出典：ギリシア神話
英雄：イアソン／勇者
敵：竜／竜
退治法：魔法＆助力

片裸足の男

ギリシアのイオルコスという小さな町の王ペリアスは「片方のサンダルをなくした男に殺される」という予言に怯えていた。彼には兄を追放して王位を奪ったという、良からぬ過去があった。

案の定、ペリアスの前に片方のサンダルを履いていない男が現れる。しかもそれは、ケンタウロスの賢者ケイロンに養育された、兄の子イアソンだったのだ。表向きにこやかに迎え入れたものの、気が気でないペリアスはイアソンに尋ねた。

「もしも私が、誰かに殺されると予言されたら、どうしたらいいだろう？」

「僕だったら、コルキスの金羊毛《きんようもう》でも取りにいかせますね」

この返答を聞くとペリアスは喜び、イアソンに金羊毛の奪取を命じた。

黒海の北にあるコルキス王国の至宝、金羊毛の噂はギリシア中に聞こえていた。この金羊毛はコルキスの祖ブリクソスを連れてきた、空飛ぶ羊の毛皮であった。その黄金の輝きは東から昇る太陽や、生まれ出る命を象徴するものだったらしい。だが地の果てコルキスにあり、巨竜に守られている金羊毛を奪取することは不可能と考えられていた。

イアソンは船匠アルゴス（前述の普見者とは別人）に五十人乗りのガレー船アルゴー号を作らせると、全ギリシアから乗組員を募った。乗り組んだのはあのヘラクレスやテセウスをはじめ、竪琴弾きオルフェウス、双子座の兄弟カストルとポルックス、女狩人アタランタ、有翼のゼテス兄弟などなど。まさにギリシア英雄のオールスターチームである。

こうしてイアソンとアルゴー探検隊（アルゴナウタイ）は苦い顔をしているペリアスに見送られ、意気揚々と出航した。

◆金羊毛の試練

アルゴー号の航海は冒険また冒険の連続だった。乗り組んだ名だたる英雄の活躍と神々の助力によって難関を乗り越え、アルゴナウタイはコルキスに到着した。

コルキスの王アイエテスは、もちろん金羊毛を渡すつもりなどなかった。だが相手が相手である。ヘラクレス以下の英雄たちに暴れられたら迷惑至極である。アイエテスはイアソンが試練に勝てば金羊毛を渡すと約束した。その試練とは、ヘパイトスの作った青銅の牡牛に鋤を取りつけて地を耕し、そこに竜の歯を蒔くことであった。だが青銅の牡牛は灼熱に熱せられ鼻から火を吹く代物で、竜の歯はテーバイの建国者カドモスが蒔いたものと同様、戦士に変じて襲いかかってくる。さすがのヘラクレスも挑戦を辞退したので、イアソンは途方にくれる。

イアソンを助けたのはアイエテス王の娘メディアだった。イアソンに惚れ込んだ彼女は魔法の心得があった。イアソンは彼女の火避け薬によって無事に牡牛に鋤を取りつけた。竜の歯の罠もメディアの助言に従い、カドモスのように石を投げて戦士たちを同士討ちさせ、試練を果たしたのである。

竜の口を逃れて

アイエテス王は表向き金羊毛を渡すと約束したが、その晩のうちにアルゴナウタイを襲う計画を立てた。これを知ったメディアは、イアソンを金羊毛の森に導いた。

言い伝えによれば金羊毛は、このほの暗い森のとある柏の木梢にぶら下げてあり、根元に巻きついた竜に守られていたという。だが竜はメディアの魔法の薬とオルフェウスの奏でる琴の音に眠らされ、その隙に木に登ったイアソンが燦然と輝く金羊毛を奪い取ったのである。

だがこの話にはより古い伝承もある。その伝承の詳細ははっきりしないが、金羊毛は、アルゴー号を一飲みにしてしまうような巨竜の体内に隠されていたらしい。つまり金羊毛は竜の生命の源でもあったのだ。イアソンは眠れる竜の口に入って暗い体内に潜り込み、

巨竜の口から金羊毛を手に帰還したのである。暗い死の洞穴から金羊毛を持ち帰ったイアソンは消耗しきっていた。死の淵にあった彼を蘇生させたのはメディアの魔法だったろう。生命の源でもある金羊毛を奪われた巨竜は息絶えてしまった。

こうしてイアソンは金羊毛を手に入れてコルキスから脱出した。だが彼が手に手を取って連れ出した王女メディアは、彼の後半生に暗い影を投げかけるのである。

メディア対タロス

地域：ギリシア
時代：古代
出典：ギリシア神話
英雄：メディア／魔女
敵：タロス／魔人
退治法：魔法＆知略

コルキスの魔女

金羊毛《きんようもう》を首尾良く奪取したイアソンは、メディアを連れてコルキスを脱出した。アルゴナウタイの大冒険は、普通ならこれでおしまいのはずである。

だがそうはいかなかった。その理由はほかならぬ王女メディアにある。ギリシアから遠く離れた半未開の国コルキスにあって、メディアはただのお姫様ではなかった。太古の巫女の血を引く、血生臭い魔女だったのである。

メディアの性格は逃走直後に現れた。金羊毛が奪われたことを知ったコルキス王アイエテスは娘の裏切りに怒り、艦隊を率いてアルゴー号を追跡した。艦隊に追いつかれるというところでメディアは、連れてきた弟を八つ裂きにすると海に投げ込んだ。そしてアイエテスが泣きながら息子の亡骸を拾い集める間に追手を巻いたのである。

青銅の魔人

　アルゴー号はギリシア目指して帰途を急いだ。途中で何度も危機に遭ったが、その度にメディアの知恵（というか悪知恵）によって切り抜けることができた。もっともこれらの危難は、メディアの弟殺しを怒ったゼウスが下した罰なので、有難いことではない。

　ギリシアを目前にしたアルゴー号は、クレタ島で飲料水を汲むことにした。ところが島に近づくと岬の陰から巨大な人影が姿を現した。

　人影は青銅の巨人タロスであった。タロスは太古の巨人の生き残りとも、鍛冶の神ヘパイトスがミノス王に贈ったものともいわれる。タロスはクレタ島を日に三度巡回し、近づく者を追い返すよう命じられていた。タロスの命の源は、踵《かかと》から首まで伸びた一本の血管に走る神血（イーコール）で、踵には青銅の栓がしてあった。怪力であることはもちろん、青銅の肉体なので刀も矢を受けつけない。また火中に入って自らをあぶり、灼熱した身体で敵を抱きすくめて殺すという、恐るべき巨人である。

タロスは大岩を岬の上から投げ降ろし、アルゴー号を沈めようとする。このとき、メディアがいなければアルゴナウタイは全滅していたかもしれない。メディアはタロスを見つめると、たちまち魔眼の力でタロスはうとうとと眠り始めた。その間に弓手ポレアースが踵の栓を射抜き、神血が抜けたタロスは轟音を立てながら倒れ、がらくたとなってしまった。

もっともこれには例によって別の説がある。それによるとタロスは、不死になる方法を教えてやるとメディアにそそのかされ、言われるままに栓を自分で抜いてしまったというのであるが、このほうがメディアらしいやり口かもしれない。いずれにせよメディアは、その視線や言葉で鬼神すら惑わす妖女だったのである。

❂魔女の復讐

こうしてクレタ島で無事に水を補給した後、アルゴナウタイはイオルコスに帰還した。ペリアス王はさぞや肝を潰して震えたろう。だがイアソンはどういうわけか、伯父を殺しもしなければ王位から追い払いもしなかった。

　収まらないのはメディアである。イアソンを愛したからか、それとも王妃の位がほしかったのか、彼女は悪辣極まる策略を行う。解体した山羊を魔法の鍋で再生してみせ、同じことをすれば王も不死になるとペリアスの娘たちに吹き込んだのだ。親孝行な王女たちは父親を八つ裂きにしたが、もちろん生き返らなかった。

　呑気なイアソンもさすがにこの件で嫌気がさしたらしく、メディアと別れてコリントの王女グラウケーと再婚しようとする。もちろんメディアはただではおかない。彼女は薬剤を染み込ませた婚礼衣装を贈ってグラウケーと父王を焼き殺すと、イアソンとの間に生まれた子供たちを殺し、竜に引かせた戦車に乗って立ち去った。

　イアソンは茫然自失のまま各地をさまよった。そして廃船となったアルゴー号にたどり着き、船の陰でまどろむうちに、朽ちた船首像が落ちてきて死んでしまう。名だたるアルゴナウタイの指揮官にしては惨めな最期であった。

　メディアはこの後、アテナイのアイゲウス王をたぶらかして後妻となるが、王の息子のテセウス毒殺に失敗して姿をくらました。メディアの残虐性や嫉妬心はすさまじいが、それだけ他のヒロインを圧し、ギリシア神話の男性に伍する存在感をみせている。

オイディプス対スフィンクス

地域：ギリシア
時代：古代
出典：『オイディプス王』
英雄：オイディプス／王子
敵：スフィンクス／怪物
退治法：知略

不吉な予言

テーバイの王ライオスは、デルフォイ神殿でアポロン神の神託を受けた。それは彼が自分の息子に殺されるという警告であった。ライオスは、妃のイオカステが生んだばかりの自分の息子の足に釘を打ち込んで、これを山中に捨ててしまう。一説には海に流したともいう。

赤ん坊は牧人に拾われ、コリントの宮廷に届けられてポリボス王に育てられる。牧人に育てられた後に、ポリボス王の養子になったとする話もある。いずれにせよ、片方の足が不自由な彼は、「腫れた足」という意味のオイディプスと名づけられた。

しばらくは幸せに暮らしていたオイディプスだったが、あるときデルフォイの神託を伺い、愕然とする。「お前は父を殺して母と結婚する」と言われたのである。

これをポリボス王夫妻のことと思ったオイディプスは、コリントに帰らずにそのまま旅に出た。

その旅の途中、彼は隘路《あいろ》で傲慢な男の車と鉢合わせになる。男の高飛車な態度のために争いとなり、あげくにその男はオイディプスをひき殺せと御者に命じた。車をかわしたオイディプスは、逆にこの放漫な男を殺してしまう。殺された男こそ、テーバイ王ライオス、すなわちオイディプスの実の父親だったのだが、彼はそれを知らなかった。

◈朝は四本足……

その頃テーバイの近くには、顔が女で身体が獅子という怪物スフィンクスがいた。一説には、これに加えて蛇の尾と鷲の翼を有していたともいう。スフィンクスは旅人を待ち伏せしては謎を出し、答えられない者を食い殺すのである。

ちょうどライオス王が何者かに殺されて死んだという知らせを受け取ったテーバイでは、この怪物スフィンクスを倒した者に先王の寡婦イオカステとテーバイの王位を与えるという布告を出していた。

そんなところにオイディプスがやって来て、スフィンクスと出くわす。スフィンクスはいつものように、謎を出した。有名な「朝は四本足で歩き、昼は二本足になり、夕方は三本足になる生き物は何か？」という謎である。知恵者のオイディプスは、「人間」と答えた。赤ん坊のときには手と足で這って歩き、成人してからは二本の足で歩き、そして老人になれば杖をつくからである。正解を答えられてしまったスフィンクスは、自ら断崖から身を投じて死んだ。

悲劇

オイディプスがスフィンクスを退治したことを知ったテーバイの人々は、布告に従って彼にイオカステとテーバイ王位を与えた。ここに悲劇的な予言は実現する。オイディプスはそれと知らずに自分の父親を殺し、実の母親と結婚してしまったのである。

この結婚により二男二女が生まれるが、やがて彼は父殺しと近親相姦の報いを受けるときが来る。テーバイに疫病が流行し、その対策を問うて神託を伺ったところ、それはこの罪に対する神の罰であることがわかる。真相を知ったイオカステは絶望して自殺し、オイディプスも自らの目をえぐる。テーバイを追放されたオイディプスは、人々に蔑まれながら諸国を放浪した。親孝行な娘アンティゴネだけが彼につき従った。最後に彼はアテナイのテセウスに迎え入れられ、コロノスの森で生涯を閉じる。

オイディプスの数奇な物語は悲劇の恰好の題材となり、ソフォクレスの『オイディプス王』をはじめ、多くのギリシア古典悲劇や後のヨーロッパ文学がこれを題材とした。さらに、心理学者フロイトは、男性が母を慕って父に殺意を持つという欲望をオイディプス・コンプレックスと名づけている。

神の使者スフィンクス

スフィンクスといって、すぐ想像されるのは、ギリシア神話の怪物ではなくて、ピラミッドの側にうずくまるエジプトのスフィンクスのほうだろう。

エジプトのスフィンクスは怪物どころか、ファラオを守護する太陽神ラアの遣いとして人気があった。邪悪な大蛇アペプと戦ったときに、太陽神ラアが変身した黄金の獅子というのも、おそらくスフィンクスであったと思われる。

オイディプスが退治したスフィンクスは、エジプトに旅したギリシア人があちこちで目にした神の遣いの像にヒントを得て生み出されたのかもしれない。それにエジプトにもテーバイ（テーベ）という、ギリシアのテーバイとよく似た名前の由緒ある都市があったことも、それに関係していたのかもしれない。

このほかにもギリシアでは、海の怪物をティアマトと呼ぶなど、異民族の怪物や守護神を拝借している例が見受けられる。

ペルセウス対怪物たち

地域：ギリシア
時代：古代
出典：ギリシア神話
英雄：ペルセウス／神の子
敵：メドゥーサとティアマト／怪物
退治法：武勇＆アイテム

ペルセウスの出生

ティリンスの王アクリシオスは、娘のダナエの子に殺されると予言されたため、ダナエが結婚できぬよう塔に幽閉した。だがギリシア神話の主神ゼウスが彼女を見初め、黄金の雨に変じて窓からダナエを訪れる。やがてダナエは塔の中でゼウスの子を生んだ。それがペルセウスであった。

怒ったアクリシオスはダナエと赤ん坊を木箱に入れて海に流す。自分の娘や孫を殺せば神の罰があるかもしれぬが、波で箱が壊れるのは自分のせいではないと考えたのである。

やがて箱はセリポス島に漂着、親子は島の王ポリデクテスの弟で漁師のデクチュスに助けられる。ペルセウスは彼に育てられて成人した。ポリデクテス王はダナエを妻にしたいと望んだが、彼女はそれを承知せず、しかもペルセウスが母を守っているので手を出せない。そこでポリデクテスは取り巻きたちと共に、宴会で贈り物を用意できぬペルセウスを笑い者にして、ペルセウスにメドゥーサの首を持ってくると断言させた。

メドゥーサの首

メドゥーサは、ゴルゴンという三人姉妹の末娘である。彼女らはもとは美しい姉妹だったが、女神アテナの怒りに触れて、全身が鱗に覆われ、真鍮の翼を持ち、髪の一本一本が蛇という怪物にされていた。その姿を見た者はあまりの恐ろしさに石になってしまう。

どうやってその首を取ればよいか途方にくれるペルセウスの前に、ゼウスの命で女神アテナとヘルメス神が現れた。アテナは盾を、ヘルメスはメドゥーサの首を切るための大鎌を彼に貸し与えた。そして、まず北国の洞窟に住むグライアイを訪ねるよう助言する。

グライアイは三人で一本の歯とひとつの眼を共同で使う老婆の姉妹である。ペルセウスはいったん彼女たちの眼を取り上げ、それを返す代わりにメドゥーサの居所を知るニンフの情報を得た。ペルセウスがニンフたちを訪れて事情を話すと、ニンフたちは快くその場所を教え、さらにメドゥーサの首を取るのに必要な空を飛ぶ靴、毒性の強い首を入れるための魔法の袋を提供、かぶると姿の見えなくなる兜もハデス神から借りてきてくれた。

準備万端整えたペルセウスは、メドゥーサらゴルゴン三姉妹の島に乗り込む。ハデスの兜で姿を消した彼は、直接見て石にならぬよう、よく磨いた盾に映った像で相手を確認し、鎌で首を切り落として袋に入れた。メドゥーサのふたりの姉は不死身だったが、空飛ぶ靴のおかげで捕まらずに島を脱出できた。なお、このとき飛び散った血から天馬ペガサスが生まれている。

生け贄の王女

この頃、エチオピアの王ケフェウスの妃カシオペアは、自分の美貌を自慢してネレイスたちよりも美しいと発言した。ネレイスとは海の妖精たちのことである。それを聞いて怒った海神ポセイドンは、罰として巨大な海の怪物ティアマトを派遣し、エチオピアの沿岸を荒らし回らせた。これに弱ったケフェウス王が、いかにすれば神が怒りを鎮めるのかを問うたところ、王女アンドロメダを怪物ティアマトの生け贄に捧げよとお告げがあった。ケフェウスは涙をのんで愛する娘を海に突き出た岩に鎖で縛りつけた。

そこに通りかかったのが、見事にメドゥーサの首を取ったペルセウスである。空飛ぶ靴によって、あるいは他の説では翼のある馬ペガサスにまたがって、エチオピアの海岸上空を飛んでいた彼は、眼下の岩に縛られたアンドロメダを見つけて舞い降りた。

アンドロメダから事情を聞いた彼は、彼女を助けることにした。そこに、怪物が海から姿を現す。真紅の口を開いて、ペルセウスとアンドロメダを飲み込もうとした。ペルセウスは袋からメドゥーサの首を取り出し、ティアマトに突きつけた。見たものをすべて石にしてしまうメドゥーサの首の威力で、さしもの海の怪物も巨大な岩と化した。

結婚と帰還

ケフェウスは、ペルセウスをアンドロメダの婿に決めた。間もなく結婚式が開かれたが、その席にピネウスという男が家来を率いて乱入する。アンドロメダは自分のものだというのである。が、ピネウスとその家来もメドゥーサの首で石にされた。

ペルセウスはアンドロメダを連れてセリポス島に帰った。帰還してみると母ダナエは王の奴隷にされ、親切なデクチュスも投獄されていた。王宮に乗り込むと、ポリデクテス王は以前彼をあざ笑った取り巻きたちと宴会をしている。彼らはペルセウスがメドゥーサの首を取ったことを信じず、さらに嘲笑してそれを見せるよう要求した。そしてペルセウスが袋から出した首によって石と化した。

セリポスの王位はデクチュスが継ぎ、ダナエを妃とした。メドゥーサの首はアテナに捧げられ、アテナはこれを盾につけた。

ペルセウスはティリンスに向かい、途中のラリッサで競技会に出場するが、彼の投げた円盤がひとりの老人に当たって即死させてしまう。その老人こそ、ペルセウスに殺されることを恐れて逃亡していた祖父アクリシオス王だったのだ。

なお、なぜかこの話の登場人物の星座は多い。ペルセウス座、ケフェウス座、カシオペア座、アンドロメダ座、ペガサス座があり、さらに怪物までがクジラ座（英語ではティアマト、鯨というより海の怪物の星座）となっている。

ゼテス対ハルピュイアイ

地域：ギリシア
時代：古代
出典：ギリシア神話
英雄：ゼテスとカライス／半神
敵：ハルピュイアイ／魔物
退治法：武勇

北風の子ゼテス

ゼテスとカライスの兄弟は、北風ボレアスとアテナイの王女オレイテュイアの間に生まれた。謎めいた父親を持つものの、ふたりはアテナイの王子として大事に育てられた。しかし彼らにはまぎれもない神の子の印が刻まれていた。ふたりの背中には、美しい白い翼が生えていたのだ。

ふたりは美々しくも逞しい若者に成長したが、いつか背中の翼で功を挙げ、自分たちが北風の子であることを示そうと夢見ていた。やがて、兄弟たちの志がかなえられるときが来た。イアソンが金羊毛《きんようもう》探索のためにアルゴー探検隊（アルゴナウタイ）を結成すると、ギリシアの英雄たちがこぞってこの大冒険に志願した。そして北風ボレアスの息子たちも、アルゴー号への乗船を認められたのである。

予言者の不幸

アルゴナウタイは様々な場所で冒険を続けた後、トラキアの沿岸に上陸した。ここに住む盲目の予言者ピネウスの館を訪れ、進路についての助言を得ようとしたのである。

ピネウスはアポロンから予言の才を与えられたのだが、それは彼にとって災厄ともなった。ゼウスはピネウスが、たかが人間の分際で未来の果てまでも見透かしてしまうことを怒り、彼を盲目にしてしまったといわれる。

イアソン率いるアルゴナウタイたちがピネウスの館を訪れると、骨と皮だけに痩せこけた不潔極まりない老人が、杖にすがりながらよろよろと現れた。名だたる予言者の惨めな姿に、一行は暗澹となった。床にへたり込んだ老予言者は、助け起こされると自らの苦境を語った。それによると、彼の予言の力を憎んだのはゼウスばかりではなかった。太陽神ヘリオスはピネウスのもとにハルピュイアイを送り込んだのである。

ハルピュイアイは人間の女の顔を持つ怪鳥だった。この汚らわしい鳥たちは、ひっきりなしにピネウスの食事を妨げた。彼が食事を取ろうとする度に飛来し、けたたましい嘲笑の声を立てながら、彼の手から食物を奪い取ってしまうのだ。彼のところに残されるのは、我慢できないほどの悪臭を放つ汚物だけだった。

ハルピュイアイに食物を奪われたピネウスは、老衰に加えて飢餓に苛まれた。しかし彼には、災厄と引き換えに得た力があった。ピネウスは、自分がいつかアルゴナウタイによって苦しみから解放されることを知っていたのである。

空中の追撃

ピネウスの話を聞くとすぐさまゼテスたちが進み出た。予言がなくても兄弟はピネウスを助けるつもりだった。なぜならピネウスの妻はボレアスの娘で、ふたりはピネウスにとって義兄弟だったからである。ピネウスは若き義兄弟の申し出に感謝すると、ふたりに予言による忠告を授けた。ハルピュイアイたちは下劣な怪物だが、神の遣わした使者には違いない。ハルピュイアイを殺すなかれ、殺せばふたりには死が見舞うと。

夜になると、ふたりはピネウスの前に食事を置いた。早速鋭い叫び声と共に、ハルピュイアイたちが暗い空から舞い降りた。ゼテスとカライスは剣を抜き、その白い翼を開くと大地を蹴った。

ハルピュイアイたちは、まさか自分と同じように空を飛ぶ人間がいるとは思わなかったので肝を潰した。ハルピュイアイたちは海上目指して逃げ始める。だが北風の息子たちは力の限り羽ばたき、鷲のごとく猛追していく。とはいえピネウスの忠告もあって、ハルピュイアイを殺すことはできず、ひたすら怪鳥を追い散らすしかない。

この空中の鬼ごっこは、とある島の上で終わった。ふたりの行く手の夜空が美しくきらめいたかと思うと、輝く翼を持つ美しい娘が姿を現したのだ。その美しさに兄弟が息をの

んだのも無理はない。彼女は虹の女神イリスだった。イリスはハルピュイアイを呼び集め、二度とピネウスに手出ししないことを誓わせると、兄弟に引き返すよう言った。女神の仲裁とあればふたりに拒む理由はない。翼を持つ者たちは頭をめぐらせ、それぞれの路へと戻った。そのため、この島はストロパデス（転回島）と呼ばれるようになる。

追跡にへとへとになったふたりが戻ってみると、そこでは賑やかな宴会が開かれていた。ハルピュイアイがいない間に、ピネウスは久しぶりの御馳走にありついていた。ピネウスはイアソンに、行く手に待つ危険についてすっかり話してくれた。そして兄弟たちも宴会に加わり、したたかに食い、酔ったのである。

女狩人アタランタ

アルゴナウタイの中でゼテス兄弟と共に異彩を放つのが、女狩人のアタランタである。生まれてすぐに山に捨てられ、牝熊に育てられたというアタランタは、月と狩猟の女神アルテミスの使者であった。金髪を短く切りそろえ、少年のように丈の短い衣服をまとい、弓を引き絞ったその姿は、ギリシア神話の中でもメディアと並び個性的な女性となっている。

アタランタは気まぐれで勝気な処女だった。自分に言い寄った巨人やケンタウロスを射殺し、駆けっこで負けたら花嫁になると宣言、走り負けた男たちを次々と殺した。それでも最後は、アフロディテの助力を得た若者ヒッポメネスと結ばれた。若者が転がした、アフロディテの黄金の林檎をつい拾って負けてしまったのだ。その後、アルテミスはアタランタが純潔を失うことを厭い、この夫婦を獅子に変えてしまった。ヒッポメネスにとっては災難だが、アタランタはさして気にもとめなかったに違いない。

テセウス対ミノタウロス

地域：ギリシア
時代：古代
出典：ギリシア神話
英雄：テセウス／王子
敵：ミノタウロス／怪物
退治法：武勇＆女性の協力

英雄テセウス

テセウスは一説に海神ポセイドンの子ともいわれているが、アテナイ王アイゲウスがトロイゼンで王女アイトラに生ませた子供という話のほうが有名である。アイゲウスは妊娠した彼女を残して帰国したが、その際、剣とサンダルを大きな岩の下に隠し、子供が男子でその品を取り出せたらアテナイに寄越すように言い残した。

成長したテセウスは簡単に岩を動かし、父の剣とサンダルを取り出す。彼はあえて安全な海路ではなく、山賊や悪人の横行する危険な陸路でアテナイに向かった。

テセウスは、コリュネテス、シニス、スキロン、プロクルステスといった街道の悪人たちをことごとく、それぞれが旅人を殺している常套手段と同じ方法で倒していった。

アテナイでは魔女メディアがアイゲウスを虜にしていた。メディアは、到着したテセウスの毒殺をはかる。だが剣を見て彼が息子と知ったアイゲウスが毒杯を叩き落とし、メディアを追放した。

◈迷宮の怪物

あるとき、海神ポセイドンがクレタ島のミノス王に牡牛を送って寄越した。それを殺して自分に捧げろというのである。ミノスは、あまりに見事な牡牛なので惜しくなり、これを着服した。怒ったポセイドンは問題の牡牛とミノスの妃パシファエを交わらせ、人と牛の混血児を生ませた。これがミノタウロスである。下半身は牛、上半身は筋骨逞しい人間、顔は醜く頭には角があり、足には蹄を持つ怪物であった。ミノタウロスとはミノスの牡牛という意味である。ミノスは高名な発明家兼建築家のダイダロスに命じて脱出不可能なラビュリントス（迷宮）を建造、ここにミノタウロスを幽閉していた。

たまたまアテナイでミノス王の息子が事故死したため、ミノスはその責任を追及し、九年ごとに七人の若者と七人の乙女をミノタウロスへの生け贄として差し出させた。

テセウスはミノタウロスを退治すべく、自ら生け贄に志願した。心配する父に、首尾良く怪物退治に成功したら、その目印として船に白い帆を掲げて帰ることを約束して彼は出帆する。生け贄を運ぶ船は黒い帆を張っていたのである。

テセウスは生け贄の身なので武器を持ち込むことはできなかったが、素手でも怪物を倒す自信があった。問題はその後の脱出方法だった。ひとたびラビュリントスに入った者はその複雑な構造に迷い、たとえミノタウロスを倒しても出ることができない。

だがミノス王の娘のひとりアリアドネがテセウスに一目惚れして、糸の玉をテセウスに

渡して迷宮の脱出方法を教えた。テセウスは教えられた通り糸の端を入り口に結んで迷宮に入る。そしてその中でミノタウロスを拳で殴り殺すと、この糸をたどって無事に迷宮を脱出、他の生け贄やアリアドネを連れてクレタ島を離れた。

その後のテセウス

この後、テセウスは帰路に立ち寄ったナクソス島にアリアドネを置き去りにしてしまう。嵐で船が流されたためだが、彼女を嫌って故意に残したともいわれる。傷心のアリアドネは、この後酒神ディオニュソスに慰められることになる。

またテセウスは、白い帆を張ることを忘れて帰還した。黒い帆を見たアイゲウス王は息子が死んだと思い、絶望して海に身を投げる。この海をエーゲ海というのは、アイゲウスの名に由来するという。

アテナイの王位を継いでもテセウスは様々な冒険を続けた。だが息子ヒュッポリトスを誤解から追放して死なせてしまうなど、晩年の彼には不幸がつきまとった。悪友ペイリトオスと共に黄泉の国タルタロスに乗り込んで失敗し、十二の偉業のひとつでここに来たヘラクレスに助けられるということもあった。しかし王としては名君だった。やがて自ら王位を退いてアテナイに民主制を敷いたといわれるテセウスは、死後もアテナイ市民に愛され、神々に準ずる扱いを受けたのだった。

ミノス王とダイダロス

二十世紀にクレタ島で発掘されたクノッソス宮殿は、多数の部屋がごちゃごちゃと集まり、まさに迷宮伝説が生み出されたのも無理のない構造をしていた。

迷宮を設計した名匠ダイダロスだが、秘密を洩らされることを恐れたミノス王に幽閉されてしまう（一説にはアリアドネに秘密をばらした責任を問われたのだともいう）。そこでダイダロスは鳥の羽根を蝋で固めて翼を作り、空への脱出をはかった。このとき、息子のイカロスが墜落死したことは有名な話である。

ダイダロス本人はシシリー島に逃れ友人のところに身を寄せたが、ミノス王は彼を追ってシシリーに姿を現した。そこで彼の友人が歓待する振りをして入浴を勧めた。ところがこの風呂場には、復讐に燃えるダイダロスが腕によりをかけた仕掛けを施していたからたまらない。ミノス王は熱湯によって、煮殺されてしまったのだという。

ベレロフォン対キマイラ

地域：ギリシア
時代：古代
出典：ギリシア神話
英雄：ベレロフォン／王子
敵：キマイラ／怪物
退治法：武勇＆名馬

天馬ペガサス

ギリシアのコリントにグラウコスという馬好きな王様がいた。グラウコスの息子ベレロフォンは、見る者誰もがはっとする美男子で、父親同様に馬好きだった。

グラウコス親子は勇敢だったが、いささか高望みで軽率だったらしい。グラウコスは獰猛な食人馬を手に入れて悦に入っていたが、ついには彼自身が馬の餌になってしまった。

一方息子のベレロフォンはといえば、亡き父の食人馬に劣らぬ世界一の馬をほしがった。かの英雄ペルセウスがメドゥーサの首を切り落としたときに、その血潮から生まれたという天馬ペガサスである。

ベレロフォンはペガサスを手に入れるため、女神アテナイに祈りを捧げた。彼の美貌に戦争の処女神も心を動かされたのか、彼に純金の轡《くつわ》を与えた。早速ペガサスを探しに出かけたベレロフォンは、セレネの泉で翼を休めている天馬を見出した。ベレロフォンは黄金の轡をはめてやり、天馬を飼い慣らすことに成功したのである。

◈怪物キマイラ

その後、ふとした過失で弟を死なせてしまったベレロフォンは、アルゴス王のもとに亡命した。美貌に魅せられた王妃が彼に言い寄ろうとしたが、ベレロフォンはすげなく断ってしまい、逆怨みした王妃の差し金によってリュキア王イオバテスのところへ派遣された。

ベレロフォンを歓待した後、アルゴス王の親書を読んだイオバテスは驚いた。何と王妃に無礼を働いたベレロフォンを殺してほしいと書かれているのだ。この若者を気に入りかけていたイオバテスは困ったが、彼に危険な任務を課して、手を汚さず死地に追いやることにした。リュキ

ア山中に住み着いた怪物、キマイラの退治である。

　キマイラは地母神ガイアと地獄の魔物タルタロスから生まれた魔物、テュポーンとエキドナがさらに交わって生まれた怪物である。かつてガイアと巨人たちがオリンポスの神々に背いた際に、兵器として生み出したものだった。キマイラは獅子の頭部と山羊の胴体を持ち、尾にはのたくる蛇の頭を生やしていた。

　ベレロフォンは勇躍ペガサスを駆ってキマイラの巣に向かった。岩穴から現れたキマイラは、三つの獅子頭を振り立てて炎を吐きかける。素早くペガサスの翼を翻して炎を避けたベレロフォンは、怪物の頭上を周回しながら次々と矢を放った。

ベレロフォンの強弓は、キマイラの炎よりも射程距離が長かった。さしものキマイラも、遠距離から矢を射かけられてはなす術がなかった。キマイラは手も足も出ないまま、次々と刺さる矢によって出血し、ついに息絶えた。

復讐と失墜

ベレロフォンがキマイラを退治すると、驚いたイオバテスは次々と蛮族退治を命じた。だが天馬に乗ったベレロフォンは、これらの難事を次々と果たしただけでなく、帰途に待ち伏せていたリュキアの勇士たちも返り討ちにしてみせた。彼の武勇に感服したイオバテスは、アルゴス王の手紙を見せて彼に謝罪したのである。

事の真相を知ったベレロフォンは、ペガサスを駆ってアルゴスに戻った。そして彼が死んだと思い込み、後悔していた王妃の前に姿を現し、しょげ返っていた彼女と仲直りした。そして王妃をペガサスの背に乗せてアルゴスを飛び立ったベレロフォンは、エーゲ海の上空で彼女を海に振り落とした。こうして仕返しを果たしたベレロフォンは、イオバテスの婿に迎えられ、やがて彼の後を継いでリュキアの王位に就いたのである。

しかし自分の力を過信したのか、ベレロフォンはやがて不遜な考えに取りつかれた。彼は再びペガサスにうちまたがると、神々の座する天の高みを目指したのである。自分も神々の列に加わろうと単純に思い上がっただけなのか、それとも自らの幸運を疑った彼が、神の存在を確かめたくなったのか、今となってはわからない。動機はともあれ結果ははっきりしている。ペガサスは彼に与することなく、主人を地上に振り落とすと大神ゼウスの厩舎に飛び帰ってしまったのだ。

アレイオンの野に落ちたベレロフォンは、片足の自由を失ったまま荒野をさまよった。英雄も天馬から落ちればただの人に過ぎない。彼は不死ではない人間の身であることを嘆きながら、死ぬまで人目を避けてひっそりと暮らしたという。

天馬ペガサス

ペガサスはペルセウスの項目（百二十三ページ）で語ったように、メドゥーサの飛び散った生き血で大地が染まったところから生まれた天馬である。

怪女と天馬の組み合わせというのは実に奇妙な話だが、これには隠れた理由がある。ペガサスの父親はポセイドンで、メドゥーサは殺されたときに身重だったというのだ。この説によればメドゥーサは、ペガサスと同時にクリュサオルという英雄をはらんでいたとされる。だがペガサスと共に生まれ落ちたクリュサオルについては、何も語られていない。

ベレロフォンはポセイドンの息子だとする説もあり、だとすればクリュサオルとはベレロフォンの別名ということも考えられる。ベレロフォンがペガサスを手なずけたのも、両者がポセイドンの血を引く兄弟だとすれば納得がいく。

それにしても海神ポセイドンは、女性の好みが変わっているのかもしれない。

第三章

日本編

須佐之男 対 八岐大蛇

地域：日本・出雲
時代：太古
出典：『古事記』『日本書紀』
英雄：須佐之男／神
敵：八岐大蛇／怪物
退治法：知略

八百万の神の異端者

須佐之男命《すさのおのみこと》は素戔嗚尊とも書く。彼は、多くの神々の祖である伊邪那岐命《いざなぎのみこと》から最後に生まれた三柱の神のひとりであった。後の二柱の神は天照大神と月読命である。

伊邪那岐は天照大神に高天原を、月読には夜の領域を、須佐之男には海を、それぞれ任せる。だが、須佐之男は髭が長く伸びている年齢なのに、亡き母・伊邪那美命《いざなみのみこと》を思って泣いてばかりいて、任地を統治しようとしない。このため、姉の天照大神から追放を言い渡される。須佐之男は母のいる根の国（黄泉）に行く前に暇請いをしようと高天原に登るが、天照大神はそれを反逆の悪心があって来るのだと考えた。須佐之男は一度は潔白を証明するが、その後がいけない。彼は天照大神の作った田を荒らし、彼女の部屋に大便をする始末。ついには馬の皮をはいで神聖な機を織る御殿に放り込む。日の神の天照大神がさすがに怒って岩戸に隠れ、世が闇に覆われてしまうという一幕があり、その後須佐之男は髭を切られ、爪を抜かれ、高天原を追放された。

◈八岐大蛇

高天原を追放された須佐之男は、出雲の国の斐伊川に来る。上流から箸が流れてきたので人がいると思い、行ってみると、老いた夫婦が乙女を見て泣いている。老人は足名椎《あしなづち》、妻は手名椎《てなづち》、乙女は彼らの娘で櫛名田姫《くしなだひめ》といった。事情を聞いてみると、夫婦には以前、八人の娘がいたが、毎年八岐大蛇に飲まれ、最後に残った櫛名田も間もなく飲まれるのだという。八岐大蛇は八つの頭と尾を持ち、その胴には草木が生え、体長は八つの谷と尾根を越えるほどの巨大な蛇である。

須佐之男は足名椎から櫛名田を自分に献上させ、彼女を櫛に変えて自分の髪に挿した。そして足名椎夫婦によく醸した酒の大きな器を八つと仮作りの棚八面を用意させて設置した。

◈出雲に住んだ須佐之男

姿を現した八岐大蛇は、八つの頭それぞれを酒の器に突っ込み、やがて酔って眠ってしまう。須佐之男は十握の剣（握は握り拳ひとつ分の長さ。古代の長さの単位）を抜き、八岐大蛇をずたずたに切った。このとき、剣が刃こぼれしたので、不思議に思って見ると、一振りの剣が出てきた。尋常な剣ではないと思った須佐之男は、これを天照大神に奉った。この剣が後に日本武尊《やまとたけるのみこと》が東征のときに使用した草薙の剣なのである。

この後、須佐之男は新居を建てるのによい場所を探し、ある場所がすがすがしかったのでその地を須賀と名づけてそこに宮殿を築き、櫛名田との間に何人もの子供をもうけた。ちなみに『稲葉の白兎』の話に登場する大国主命も須佐之男の子のひとりである。

吉備津彦対温羅

地域：日本
時代：古代（五世紀）
出典：中国地方の伝説
英雄：吉備津彦／皇子
敵：温羅／鬼
退治法：武勇＆魔法

吉備の鬼と四道将軍

大和の朝廷が日本の統一を進めていた時代のことである。この頃、瀬戸内海に面する吉備の国に一匹の鬼がいた。この鬼は温羅《うら》と呼ばれていた。温羅は四方を絶壁に囲まれた岩屋に城を構え、周囲の民を略奪し、しきりと反抗していた。時の孝霊天皇は温羅の暴逆を放っておけぬと考え、朝廷軍を派遣することにした。

孝霊天皇には勇敢な四人の皇子たちがいた。天皇は彼らを各地に派遣して日本の平定を進めていた。彼らは日本の四方を切り開き、四方を守護する者、すなわち「四道将軍」と呼ばれたのである。

そしてこのときに選ばれたのが吉備津彦である。

人並み優れた武勇の主で、驚嘆すべき強弓を引き、さらには鬼神の力を借る方術にも長じた将軍であった。

絶壁の攻防

吉備津彦は天皇の命を受けると兵を率いて出撃した。

温羅は吉備の国の山奥深く、四方が切り立った岸壁の上の岩屋に居城を築いていた。内部には略奪品の貯蔵庫や雨水の貯水槽もあり、取り囲んで兵糧攻めにしても何年も耐えることができた。これを見た吉備津彦は、やむなく兵士に強行突入を命じた。矛や盾を構え、兵士たちが絶壁に取りつく。

温羅は吉備津彦を嘲笑すると絶壁の上に巨大な岩を担ぎ上げ、次々と兵士の上に投げ落とした。すかさず吉備津彦は弓を引き絞り、温羅の投げ落とす岩に向けて矢を放った。手練の強弓の威力はすさまじく、放たれた矢は岩に突き刺さって火花を発し、衝撃で向きを変えた岩は兵士たちの頭をかすめて崖下に落ちていった。

これを見て温羅は真っ赤に怒ると、あたりの岩を次々に投げ落とす。吉備津彦も負けじと矢を放ち、その度に岩と鏃《やじり》は激突して火花と轟音を発し、さながら雷雨のごとき有様となる。だが、これではいつまでたってもきりがない。

吉備津彦は弓をつがえたまま策を考えたが思い浮かばない。するとそこに、どこからか白髪の老人が現れた。

「一本だけ矢を放っても仕方あるまいて。二本放てばよかろう」

そう言うと老人の姿は空中にかき消えた。四道将軍の出陣を知った吉備の国つ神が、朝

廷軍を助けるために降臨したのである。
　吉備津彦は空に向かって拝礼し、矢を二本つがえて弓を引き絞った。次の矢が放たれるのを見た温羅が、大岩を頭上高く差し上げる。投げ落とされた岩は、またしても矢にはじかれて崖に落ちた。だがもう一方の矢は、見事に温羅の左眼を貫いた。鬼は悲鳴を上げて岩屋の奥に退いた。

◈温羅の執念

　吉備津彦の兵たちは矛を構えて鬼の城に突入した。すると岩屋の内から逆巻く水が押し寄せて川となった。温羅が貯水の栓を抜いたのだ。喚声上げて突撃した兵士たちは次々と濁流に飲まれて悲鳴を上げる。その隙に温羅はいずこかへ姿をくらました。

吉備津彦は突如出現した川を愕然と見つめたが、水面が真っ赤に染まっていることに気づく。真っ赤な水流の源を見ると、一匹の巨大な鯉が血を滴らせながら淵の底に身を隠そうとしている。巨大な鯉は温羅が鬼神の力を振るって姿を変えたものだった。だが吉備津彦も神力の持ち主である。一瞬後、彼は巨大な鵜に姿を変え、翼を翻して水に潜った。逆巻く波の中で巨大な鯉と鵜が身をくねらせ、死闘を繰り返す。やがて鵜がくちばしに鯉を貫いて浮かび上がった。

吉備津彦は温羅の頭をはねてさらし首とした。ところが温羅の首は、とうに息絶えたというのに夜な夜な泣き喚く。その不気味な声は四方に轟き、人々を悩ませた。やがて吉備津彦の夢枕に温羅が現れて懇願した。

「我が首を吉備津の宮の竈の下に埋め、わが妻を側に仕えさせ、竈の火を欠かせず焚かせてくれ」

そこで吉備津の宮の下に深い穴を掘って首を埋めると、それからは首が泣き喚くこともなくなった。それからというもの、吉備津神社の鳴動釜はその火勢で人の吉凶を占うという。

この古備津彦と温羅の攻防の物語は形を変え、後に桃太郎の鬼退治として語り伝えられることになる。

紀友雄対四性鬼

地域：日本
時代：古代（八世紀頃）
出典：謡曲『現在千方』
英雄：紀友雄／白魔術師
敵：四性鬼／鬼
退治法：呪術＆知略

妖術使い千方

天智天皇が蘇我氏を滅ぼし、新たな国造りに励んでいたときのことである。

藤原千方という男が天皇に対して反乱を起こした。藤原千方の正体は謎めいているが、その名からみて天智天皇を支えた功臣、藤原鎌足の一族かもしれない。

藤原千方は強力な呪術を操る妖術使いだった。おそらくそれは、唐の国から到来した道教の影響を受けた術の一種だったとみられる。わけても彼が駆使したのは、風鬼・火鬼・水鬼・隠形鬼という四性の鬼神だった。

風鬼は激しい風を起こし、黒塵をまき散らしては兵士たちの目をくらませた。水鬼は水を自在に操り、雨を降らせたり波を逆流させたりして、地表を洪水で覆った。火鬼は火の雨を降らせ、地上を黒煙で押し包む。最後の隠形鬼は姿を隠す術を操り、霧や霞に形を変じ、幻覚を引き起こしては人々を混乱させるのだ。

藤原千方はこの四性鬼を自在に操り、追討にやって来た朝廷軍を苦しめた。朝廷軍の兵士たちは、豪雨に行く手を阻まれ、雷と火の雨に打たれ、黒煙と霧に迷ったあげく、待ち構えていた千方の反乱軍によってさんざんな目に遭わされてしまった。

歌心、鬼神を制す

千方の魔術による敗戦の報せは、勝利を確信していた朝廷側を震撼させた。天智天皇と大臣たちは思案のあげく、右大将紀友雄を鎮圧軍の司令官に命じた。紀友雄は大和の豪族紀氏の一門であった。紀氏は大伴氏と並んで、武人として天皇に仕える一門である。紀友雄も勇敢な武人であり、鬼神と戦う術をわきまえた白魔術使いでもあったらしい。千方討伐を命じられた紀友雄は、天智天皇とふたりだけで何かを相談すると、翌朝兵士たちを伴って出発した。

紀友雄は軍を反乱軍の進路に向け、両者はついに対陣した。紀友雄はただひとり馬にまたがると、味方の隊列を背に敵の前に進み出た。途端に天はかき曇り、千方の繰り出した四性鬼は風雨に乗じて千方の上空に渦を巻いた。

すると紀友雄は懐から短冊を取り出し、天皇から授けられた歌を朗々と詠み上げた。

「土も木も我が大君の国なれば　いづくか鬼の住処なるらん」

紀友雄が歌を詠み上げるや雷雨は途絶え、あたりは静まりかえった。荒々しい力を振るっていた無敵の四性鬼たちは、力のやり場を失って戸惑った。なぜなら歌とは、鬼たちの荒ぶる力とは反対の、清らかで優しい心ばえの表れたものだったからだ。

紀友雄は頭上の雲に語りかけた。

「日本は八百万の神々に守られ、天照皇太神の子孫たる天皇の治めるめでたき土地。大地も木々も、太陽の子たる天皇の支配するものなのだ。朝廷の意思に背く鬼どもが、どうしてこの地に存在できようか」

紀友雄は静かにそう言うと涼やかな瞳で空を見つめた。やがて雲が巻き上がり、太陽が姿を現した。兵士たちが見やると、優しい歌の力に動かされた鬼たちが、雲に乗っていずこかへ飛び去るところであった。

落日の決着

千方は四性鬼の退却に茫然となり、怒りのために青ざめてぶるぶると身を震わせた。そして矛を携えると馬を駆り、朝廷軍の中に切り込んだ。もとより豪勇であったのか、それとも魔法の力なのか、千方が矛を一閃させるや朝廷軍の兵士がはじけ飛び、隊列が崩れる。

これを見た紀友雄は剣を抜き放ち、赤々とした夕日に刃をきらめかせて走りかかった。日没時の真っ赤な太陽を背に、ふたりの魔術使いは刃を打ち合った。友雄の激しい打ち込みに、さしもの千方も思わず姿勢を崩した。友雄はすかさず剣を捨てて飛びかかり、千方

を地面に引き倒した。ふたりは激しく組み打ちしながら地面を転がったが、やがて友雄の兵士たちが駆けつけて千方の上に次々とのしかかり、身動きならなくなった千方は生捕りにされた。

こうして友雄と朝廷の兵士たちは勝どきを上げ、縛り上げた千方を連れて、都に凱旋したという。

不可視の鬼

藤原千方の操った四性鬼は、それぞれに独特の能力を持つものの、外見上はこれといった特徴を持たない。というよりも四性鬼は、はっきりした実体を持たない精霊のように見受けられる。

日本に登場した最初の鬼たちは、どうもこのような不可視の怪物の類であったようだ。彼らは暗がりに乗じて現れ人を害するが、優れた呪術師でなくては見つけ出すことのできない存在だったようだ。

こうした実体を持たない悪霊的な鬼の姿が変わるのは中世以後、武士による鬼退治の物語の頃からのようである。源頼光のような武士たちにとって鬼とは、眼で見ることのできる、つまりは戦って倒せる相手となっていた。

こうした鬼の変容は呪術に彩られた平安時代の貴族政治から、荒々しい武力に支配される武士たちの時代へ移り変わっていったことの象徴のように思える。

坂上田村麻呂 対 大嶽丸

地域：日本
時代：古代（九世紀）
出典：『田村三代記』
英雄：坂上田村麻呂／将軍
敵：大嶽丸と悪事の高丸／魔物
退治法：武勇＆魔法＆アイテム

征夷大将軍田村麻呂

坂上《さかのうえの》田村麻呂《たむらまろ》は平安時代の初期に活躍した将軍である。

鎮守将軍・坂上苅田麻呂の長男として生まれた田村麻呂は、人並みはずれて背が高く、武勇に優れていた。忠誠心が厚く、知謀に優れると同時に人となりは温厚で情深く、観音菩薩を厚く信仰していた。

その瞳は鷹のように蒼みを帯びて鋭く、顎髭は金色に輝いていた。彼が睨みつければ野獣も震え上がったが、微笑んだときには赤ん坊が笑ってなつくほど魅力的であったという。

征夷大将軍となって活躍した田村麻呂は、日本一の武人として後世の武士たちから厚く尊敬されてきた。とりわけ田村麻呂が活躍した東北地方には、彼にまつわる波乱万丈の物語が伝えられてきたのである。

◈妖姫立烏帽子

奈良の都に代わり新しく築かれたばかりの平安京で、空飛ぶ光球が金銀財宝を奪い取るという異様な事件が続発した。朝廷が陰陽師《おんみょうじ》に命じて占わせると、異国の魔物が日本の鬼神と手を組み、この国の転覆を図っているのだと卦に出た。朝廷はこの未曾有の危機に対処するため、田村麻呂に鎮圧を命じた。

敵が鈴鹿山にいるとの情報を得た田村麻呂は、二万の兵士に鈴鹿山を包囲させたが、鬼神を操る敵は容易に姿を見せなかった。そこで田村麻呂は単身鈴鹿山中に入り、観音菩薩に祈って、まず敵の目くらましを打ち破った。

すると田村麻呂の前に現れたのは、驚くべきことに十六歳ぐらいの美少女だった。彼女は天竺（インド）の魔王の娘・立烏帽子、別名鈴鹿御前であった。彼女は父親の命により、奥州の鬼神「大嶽丸」や、その配下「悪事の高丸」と手を結ぶためやって来たのだ。

田村麻呂は名刀「そはや丸」を構え、空飛ぶ魔剣「大通連」を操る立烏帽子と打ち合った。勝負は互角だったが、彼女は「小通連」「剱明《じんみょう》」という二本の魔剣をまだ隠し持っていた。だが彼女は田村麻呂の雄々しさと心の優しさに魅せられ、妻に迎えてくれれば力になろうと申し出る。最初は半信半疑で迎え入れた田村麻呂だったが、やがてふたりは深く愛し合うようになった。

降星の魔術

立烏帽子の操る「光輪車」に乗ったふたりは、空を飛んで京に戻った。田村麻呂は早速、兵士を引き連れて鬼神「悪事の高丸」を討つため出撃する。彼は高丸を鹿島灘に追いつめて一騎打ちを挑んだが、かなわぬとみた高丸は唐土（中国）と日本の国境へ逃亡した。田村麻呂は再び立烏帽子と共に、光輪車に乗って北へ向かう。

高丸は海岸の岩穴に立てこもったので、容易に攻め落とせるとは思えない。そこで立烏帽子は渚に立つと、呪文を唱えて扇をかざす。すると十二の星が天より降り、岩穴の上空を舞い始めた。この怪異に高丸と手下の鬼どもは驚いたが、やがてその美しい光景に気を引かれ、思わず岩穴から身を乗り出した。田村麻呂はすかさず神通の矢を放ち、続いて立烏帽子が三本の魔剣を放った。神通の矢と魔剣の一閃により、高丸と鬼どもは一瞬のうちに壊滅したのだ。

魔神の最期

「悪事の高丸」の敗死を知った大嶽丸は怒り狂い、日本国中の人間を根絶させようと準備を始めた。大嶽丸は、その身には剣も効かず、三明六通の神通力を自在に操る怪物であった。

大嶽丸は田村麻呂に痛手を与えようと鈴鹿山を襲撃、裏切り者の立烏帽子を奥州桐山に

ある「達谷の窟」に拉致する。だが立烏帽子は、敵の本拠地に潜り込むため、わざと敵の策に乗ったのである。かつては彼女と婚約を交わしていた大嶽丸は、憎みながらも彼女への愛に溺れ、神通力を弱めてしまう。

立烏帽子の行方を追って奥州に向かった田村麻呂は、彼女の手引で達谷の窟を陥落させ、「そはや丸」と三本の魔剣で大嶽丸の手下どもを壊滅させた。大嶽丸はさらに奥地の「きりんか窟」に奔った。かくなるうえは窟にひとりこもって弱まった神通力を回復させ、一気に空を飛んで京に行き、都もろとも帝を粉砕してしまおうと考えたのである。

光輪車を駆って大嶽丸を追跡したふたりは窟に入ろうとしたが、大嶽丸の魔力によって退けられてしまう。弱まったとはいえ大嶽丸の神通力は予想以上で、立烏帽子の呪文も効果を表さない。

そこで田村麻呂は清水で身体を清めると観音菩薩に祈った。するとたちまち神仏の加護は力を表して扉を開き、大嶽丸は金縛りにかかって身動きが取れなくなった。田村麻呂の「そはや丸」と立烏帽子の三本の魔剣が大嶽丸に向かって飛び、さしもの魔物も身体を四つに切り離された。大嶽丸の首はなお火を吐いて田村麻呂に襲いかかったが、ついに力尽きて空へ逃れ、奥州と出羽の境に落下した。これが魔物の最期であった。田村麻呂はこうして怪物どもを討ち滅ぼして、日本を滅亡から救ったのだった。

田村麻呂が戦った大嶽丸は、別の伝承によれば悪路王という異国の魔王であったともいわれる。また彼の霊を慰めるために創建されたのが、清水寺であるともいわれる。

田村麻呂の物語は、彼が行った蝦夷地への征服戦争が下敷となっている。朝廷の支配に対し独立を守るため立ち上がった東北地方の蝦夷たちが、伝承の中で魔物に変化してしまったのである。しかし彼の物語を語り伝えたのはほかならぬ征服された東北の人々だった。田村麻呂は征服した相手にすら仰ぎ見られる、偉大な武将だったということだろう。

俵藤太 対 大百足

地域：日本
時代：中世（十世紀頃）
出典：御伽草子『俵藤太物語』
英雄：藤原秀郷／武士
敵：大百足／怪物
退治法：武勇＆呪術

大蛇の肝試し

朱雀天皇の時代、俵（田原）藤太秀郷という武士がいた。名門藤原氏の末流である藤太は、若い頃から武勇に優れ、また思慮深かった。

あるとき、近江国にある勢多の唐橋に大蛇が住み着き、人々の通行を邪魔するという事件が起きていた。不思議に思った藤太が橋に行ってみると、長さ十二丈（三十六メートル）にもなる大蛇が橋の上に横たわっている。しかも大蛇は十二本の角を突き出し、鉄のような牙を開いて真っ赤な舌を振り出している。その様はまるで火を吐くようであった。だが豪胆な藤太は、大蛇の背中をむずと踏みつけて乗り越えた。大蛇は驚く気配も見せず、藤太もそのまま振り向くことなく通り過ぎた。

その夜、藤太のもとに目もあでやかな美女が訪れた。美女は勢多の唐橋にいた大蛇の化身だと名乗った。琵琶湖の主である彼女は、近所の三上山に住み着いた大百足に苦しめられていた。そこで勇敢な人間の力を借りて退治できないものかと、人々を試していたのである。

大蛇の化身の依頼を聞いた藤太は、これは容易ならぬことで、失敗すれば末代までの恥だと考えた。しかし人ならぬ神の依頼を拒否するのも悪いと思い直し、百足退治に出発することにした。

◆ただ一矢に賭ける

藤太は先祖伝来の黄金造りの太刀を帯び、一生愛用した重藤《しげとう》の弓を取り出した。この弓は、五人がかりでたわめなければ弦を張ることができないという、大変な強弓であった。藤太はその弓に矢を三本だけ手挟《たばさ》むと勢多に向かった。

藤太が琵琶湖の岸辺から夜の三上山を眺めると、暗闇の中にしきりに稲光りが輝いている。やがて風雨と共に松明のような灯が数千きらめき、山を揺り動かしながら近づいてくる。その響きは無数の雷鳴が一度に轟くような、すさまじい音であった。

藤太は怯むことなく弓に矢をつがえ、怪物を充分に引き寄せてから眉間の中央あたりを目がけ一本目の矢を放った。ところが鉄板に当たったような甲高い音がすると、矢はあっけなく弾き返されてしまった。藤太は再び矢を放つが、またも弾き返されてしまう。

残された矢はただ一本となった。もはや射損じることはできない。藤太はしばしあれこれと考え込んだが、やがて最後の矢に唾を吐きかけ、「南無八幡大菩薩」と心に念じて矢

を放った。次の瞬間、数千の灯と雷鳴の響きは、一瞬にして暗闇の中にかき消えた。

獲物を仕留めたと確信した藤太は、召使いに松明を点けさせ、死体を調べてみた。怪物は確かに巨大な百足だった。牛鬼のような頭は途方もなく大きかったが、眉間から喉の下までを見事に射抜いていた。数千の灯と見えたのは、星の光に反射した足だった。雷鳴のような轟音は、百足の足音だったのだ。百足の甲羅は鉄板のように厚かった。しかし藤太が矢に吐きかけた唾は、百足にとっては毒であり、難なく矢を貫通させることができたのだった。

怪物が蘇生することを心配した藤太は、百足の死体を太刀でばらばらに切断すると湖に投げ込んだ。

◈藤太の繁栄

藤太が帰還すると、明け方に再び美女が現れた。美女は丁重に藤太に礼を言い、お礼に絹の反物、俵、銅の鍋を差し出した。神仏のはからいによって比類ない武勲を立てられただけでなく、立派な宝物までもらったことを藤太は喜んだ。

さらに藤太は美女に誘われ、竜宮の国を訪れた。竜神を統べる竜王は藤太を歓待し、黄金造りの太刀と鎧、立派な大鐘を与えた。藤太は武士の名誉として鎧と太刀をもらい受け、大鐘は三井寺に寄贈することにした。

藤太が竜神から与えられた宝物は魔法の品であった。絹の反物は何度裁っても尽きず、鍋からは思うがままの料理が出てきた。そして俵からは、いつまでも絶えることなく米が湧き出た。おかげで藤太はたちまち富豪となった。

こうして藤太は、人々から俵藤太と呼ばれるようになったといわれている。

寺社縁起の世界

俵藤太は竜神から授けられた鐘を寄進したことで、三井寺と因縁づけられている。また清水寺は坂上田村麻呂《さかのうえのたむらまろ》が創建したと伝えられ、悪路王退治の伝説の背景となっている。日本中世の様々な英雄伝説は、菩薩や明神などの神仏と因縁づけられた例が非常に多い。このように英雄の活躍や奇跡物語を絡めて寺社の成立した経緯を語り、神仏の功徳を説いたものは「寺社縁起《じしゃえんぎ》」と呼ばれている。

もちろんこれらの寺社縁起は、寺や神社の積極的な宣伝活動もあって生み出されたものもあるだろう。しかし中世の日本に生きた人々にとって、こうした寺社縁起は『古事記』などよりもずっとポピュラーな伝説であった。

現在の〝日本風〟ファンタジー小説は、『古事記』や『風土記』などをアイデアの素材としているが、なぜか寺社縁起は無視されている。考えようによっては、まだ手のつけられていない題材の宝庫といえるかもしれない。

俵藤太 対 平将門

地域：日本
時代：中世（十世紀）
出典：御伽草子『俵藤太物語』
英雄：藤原秀郷／武士
敵：平将門／魔人
退治法：知略＆助力

将門の反乱

俵藤太は百足を退治した後、東国に下って勢力を伸ばした。その頃、下総国にいた平将門は関東八カ国を制圧し、平親王を名乗って勢威を振るっていた。関東のみならず日本全土の支配者になろうと考えた将門は、京都に攻め上がるために軍勢を募り始めた。

将門の勢力拡大をみた藤太は、その人となりを知るために将門の城を訪れた。将門は下着姿で髪を整えていたが、藤太の来訪を知ると着替えもせずに慌てて現れた。それから藤太をもてなしたが、将門は袴に落ちた飯粒を何気なく自分の手で払いのける。これを見た藤太は、軽率で下品な将門には日本を支配する器量はないと判断した。

将門の城から帰った藤太は昼夜兼行で都に上がり、将門の反乱を報告した。驚いた朝廷は追討軍の派遣を決め、藤太にはその前衛となるように命じた。

魔人将門

大将軍に藤原忠文、副将軍に平貞盛を配した朝廷軍は、いよいよ将門を討つために関東に攻め下った。

これを知った将門も、兄弟や配下に出陣を命じる。

両軍は下総の地で激突し、激しい戦いが夕刻まで続いた。一進一退の戦いが続いた後、業を煮やした将門はついに自ら出撃を開始した。

将門は朝廷軍と藤太の前に真の姿を現した。それは身長七尺（二メートル十センチ）、片方の眼に瞳がふたつあり、黄金の肉体を持つ魔人だった。それだけではなく将門には、外見も実力も寸分違わぬ六人の影武者がいた。刃も通らぬ不死身の肉体を持ち、六人の影武者を自由自在に操る将門のため、朝廷軍はさんざんに打ち破られて敗走した。

朝廷軍の武将たちはすっかり落胆したが、藤太は将門の有様を冷静に観察していた。確かに将門は尋常ならざる力を持っていた。正面から戦えば、たとえ日本国中の武士がかかってもかなわない相手だろう。しかし藤太は、将門が軽率で無思慮なことを見抜いていた。彼は朝廷軍の武将にはかって手筈を整えるとただ一騎、将門の居城に向かった。

将門の秘密

さんざんおだてて家来にしてほしいと頼み込んだ藤太に、将門はすっかり機嫌を良くして歓待した。黄金の身体を持つ不死身の将門に恐れるものはなかった。だから藤太が刺客であろうなどとは思いも寄らず、単純に寝返りを信じ込んだのだった。

将門の城に仕えてしばらくたったあるとき、藤太はひとりの美しい貴婦人を城中で見かけた。一目で恋に落ちた藤太は恋歌を女性に書き送り、やがてふたりは深く愛し合うようになった。女性は将門の乳母の娘で小宰相と呼ばれていた。

小宰相は将門のお気に入りでもあった。ある日、小宰相のもとに忍んでいった藤太は将門と出くわした。慌てて物陰に隠れて様子をうかがうと、姿形が同じ七人の貴人が、全く同じ姿勢で小宰相の部屋に座っているではないか。

将門が帰った後、姿を現した藤太が小宰相に尋ねると、彼女は将門の秘密を明かした。六人の影武者は、実は将門の身体から生じる分身なのだった。平将門は北斗七星の化身なので、その星のように七つの分身を持つ。さらに小宰相は、将門のこめかみだけは普通の肉体であることを教えてくれた。

これを知った藤太は、油断した将門が再び小宰相のところに来るときを待つことにした。数晩の後、果たして将門は小宰相を訪れ、夜通し美女と語り明かした。物陰から見ると、果たして七人のうち六人には影がない。ただひとり影を持つ者を観察すると、ときおりこめかみがひくひくと動く。しめたとばかり藤太は、自慢の強弓を構えて矢を放った。狙い通りに矢がこめかみに突き立つと、将門はどうと倒れて息絶えた。その瞬間、六人の

分身も煙のようにかき失せた。

　こうして将門は討たれ、主君を失った軍勢もたちまち朝廷軍によって討ち滅ぼされた。将門を討ち果たした藤太はその後も朝廷から重んじられ、一門は繁栄を遂げている。

平将門の首

　俵藤太に退治された平将門は、不死身の肉体を持つ魔人として伝説化された。将門の最後についてはいくつもの伝説がある。切り落とされた首が宙を飛び去ったともいわれ、将門の首が落ちたとされる首塚の伝説は、東京・大手町の将門首塚をはじめ各所に残されている。

『太平記』などの諸書に伝えられたエピソードによれば、切り落とされた将門の首は獄門にかけられたが、三カ月以上も眼を見開き「身体を取り戻してもう一度戦ってやる」と喚き続けた。

　そこである人が、「将門は米かみよりぞ射られける俵藤太がはかりごとにて」と歌を詠んだ。将門がこめかみを射抜かれたことと、米＝俵をひっかけてしゃれたのだが、将門の首はゲラゲラと笑い出し、静かになったかと思うとたちまち朽ち果ててしまった。

　滑稽だがどことなく不気味なエピソードである。

源頼光対酒呑童子

地域：日本
時代：中世（十一世紀）
出典：御伽草子『酒呑童子』
英雄：源頼光／武士
敵：酒呑童子／鬼
退治法：知略＆アイテム＆武勇

頼光と五人の武者

丹波国の大江山に鬼どもが住み着き、京の都を恐怖に陥れていた。

この鬼どもは酒呑童子を頭としていた。鬼どもは近隣の村々を襲っては人々を拉致し、責め苛んだ末に食い殺してしまうのであった。鬼どもの襲撃はとどまるところを知らず、ついには都を襲い、貴族の姫君を次々と手にかけてしまった。

朝廷は鬼どもの退治を源頼光に命じた。清和天皇から数えて四代目の子孫である源頼光は、当代随一の武者として知らぬ者なき武勇の人であった。頼光には頼りになる五人の家臣がいた。碓井定光、卜部末武、渡辺綱、坂田公時、平井保昌である。ちなみにこのうち坂田公時（金時）とは、山姥に育てられた金太郎のことである。

思慮深い頼光には、鬼退治が一筋縄ではいかないことはわかっていた。頼光と家臣は石清水八幡と住吉明神、そして熊野権現の三社に参拝して勝利を祈願した。そして山伏に変装し、笈《おい》（山伏の背負う荷物箱）の中に武具を隠して丹波に向かった。

一行は丹波の山中で不思議な三人の老人に出会った。彼らは頼光が祈願した三社の神の化身だった。神々は一行に、鬼を弱らせ勇者を力づけるという神便鬼毒《しんべんきどく》の酒と退魔の星兜を送った。

血生臭い祝宴

神々の助力に力づけられた六人は、いよいよ酒呑童子の本拠地に向かった。そこは城壁・門・屋根にいたるまで鉄で造られた、文字通り鉄壁の城塞で、「四天王」と呼ばれる四匹の鬼があたりを固めていた。鬼のねぐらに迷い込んできた客人たちに鬼たちは舌なめずりしたが、こんな珍しい肴をひとり占めはできないと、頭目のところへ案内した。

酒呑童子は全身の肌が朱色を帯び、髪をざんばらに垂らした醜怪な巨漢で、鉄杖をぶら下げていた。童子は一行を試すつもりか、酒宴を開いてもてなすことにした。童子は酒と称して人の生血を盃に満たし、切り取られたばかりの腕や足を板の上に並べてみせる。豪胆な頼光と家来たちは、盃の血を飲み干し、切り取った肉を平然と食らった。これに気を良くした酒呑童子は、迷い込んだ山伏だという言い訳を信じ込んでしまった。

頼光は持参した神便鬼毒の酒を鬼たちに盛った。酒呑童子と手下の鬼どもは、魔法の酒にすっかり酔いしれ、「珍客が、酒の肴になりにわざわざ来たぞ」と歌い踊り、次々と宿所に引き揚げて眠り込んでしまった。

◎酒呑童子の最期

夜半過ぎ、頼光は行動を開始した。まず拉致されていた姫君たちを救出すると、彼らは武具を身につけた。三社の神から贈られた退魔の星兜をかぶり、緋色の鎧をまとい、血吸いの太刀を身につける。五人の家来も自慢の武装に着替える。一行は助けた姫君の案内で、足音を忍ばせながら酒呑童子のねぐらに向かう。

眠り込んでいた酒呑童子は身の丈二丈余り（約六メートル）、真っ赤に逆立った髪からは角が二本突き出している。昼の恐ろしげな姿は、さらに恐ろしい真の姿を隠すためのものだったのだ。

頼光は家来に命じ、手足を鎖で鉄の柱に縛りつけた。そして血吸いの太刀を手に取ると三社の神に祈りを捧げ、三礼して剣を振り下ろした。驚愕した酒呑童子は頼光を睨みつけ、雷鳴のような吠え声を立てたが手後れだった。一瞬後、酒呑童子の首は宙に舞い、続いて家来たちが童子の手足を切り刻む。

酒呑童子の断末魔の悲鳴を聞き、眠っていた鬼どもは目を覚ました。鬼どもの身体には神便鬼毒の酒が回っていたが、だまし討ちに怒り狂った鬼どもは四天王を先頭に次から次へと押し寄せてくる。頼光たちも刀を構え、手並みを見せようと勇み立った。すさまじい死闘が朝まで続いた。夜が完全に明けた頃、城内は鬼の屍で埋められ、六人の武者は血の海の中でようやく息をついた。

勝利した一行は救助した姫君と共に城内を捜索した。城内には財宝がきらびやかに蓄えられていたが、その傍らに白骨が積み上げられている無残な光景に一行は言葉もなかったという。それでもわずかな生存者を救い出し、一行は山を下った。

こうして酒呑童子と手下どもは倒され、京の都は鬼たちの脅威から救われたのだった。

渡辺党と滝口の武士

酒呑童子や土蜘蛛の伝説における活躍ぶりをみると、源頼光たちは怪物退治が専門のように思える。

この頃の皇居には「滝口の武士」と呼ばれる警備の武士が設置されていた。だが彼らが盗賊を防ぐのに活躍した記録はあまりなく、陰陽師《おんみょうじ》とチームを組んで儀式やお祓いに参加していた。また彼らは夜ごと御所の周囲で弓を引き鳴らし、見えざる鬼どもが寄りつかないようにしていたという。

どうやら朝廷や貴族に仕える武士たちに求められたのは、その人並み外れた武勇から生み出される魔術的パワーによって、鬼神や怨霊を退けることであったらしい。

この滝口の武士には、頼光の領地である摂津国の渡辺氏が多かったといわれている。

渡辺綱 対 羅生門の鬼

地域：日本
時代：中世（十一世紀）
出典：『平家物語』『御伽草子』
英雄：渡辺綱／武士
敵：茨木童子／鬼
退治法：武勇

羅生門の肝試し

大江山の酒呑童子が滅び去ったある夜のこと。

源頼光はいつものように家臣たちを集めて酒宴を開いていた。彼らが鬼を退治した後は平和な時が流れ、このままでは腕がなまってしまうと、彼らはいささか退屈気味だった。

源頼光は一同に、何か退屈まぎれの珍しい話はないかと問いかける。すると家来のひとり、平井保昌が進み出て言った。

「この頃私が聞いたところでは、九条の羅生門に鬼らしきものが現れるという噂です。夜ともなれば人々は、鬼を恐れて門には近づかぬそうでございます」

これを聞いた家来たちは、自分たちが鬼退治をしたからには、もう都に近づく鬼はいないはずだと反論するが、保昌も譲らない。そこで源頼光は、これもいい暇潰しと一同に肝試しを命じた。鬼がいないという証拠に、頼光の書いた立て札を門に立ててくるのである。真っ先に豪胆な渡辺綱が名乗りを上げ、早速出発した。

空中の怪異

羅生門は都の南の大門だが、この頃にはすっかり周囲がさびれた殺風景な場所となっていた。綱はあたりの様子を油断なくうかがったが、鬼の気配すらない。綱は半ばがっかりしたが、ともかく立て札を残して帰った。

その帰途、一条堀川にかかる橋に綱がさしかかると、橋のたもとにいた人影が近づいてきた。それは若い娘だったが、こんな夜中に家に帰るのだという。娘の不安気な様子に親切心を起こした綱は、自分の馬に娘を乗せ送ってやることにした。

ふたりが橋を渡ってしばらく行くと、娘は都の外まで送ってほしいという。綱は少々不審に思ったが、ここで引き返すのは武士らしくないと思い「どこまでも貴女が送ってほしいところまで参りましょう」と答えた。

その途端である。けたたましい笑い声を立てたかと思うと、女の姿は一変した。その顔は醜く歪んでみるみる牙が生え、身体は朱色に変じて肉が盛り上がる。

「我が行くところは愛宕山ぞ！」

そう叫んだ鬼は、綱の髪をわしづかみにすると、するすると宙に舞い上がった。

空中に吊り上げられた綱は腰の名刀髭切丸《ひげきりまる》を引き抜き、髪をつかんだ鬼の腕に切りつけた。一瞬後、綱は北野天神の屋根に落下し、そのまま境内に転がり落ちた。夜空を見上げると、鬼が喚きながら愛宕山の方角に飛び去っていった。

帰還した綱は一行に、自分の体験を語った。仲間たちは驚いたものの、俺たちを担いでいるのだろうと笑う。そこで綱は証拠の品を取り出して一同の前に転がした。

それは漆黒の肌に白銀の毛がびっしりと生えた、鬼の片腕にほかならなかった。

茨木童子の逆襲

この出来事に驚いた頼光は京都随一の白魔術師、安倍晴明を呼んで占わせた。それによると鬼は大江山の残党茨木童子であるという。綱は凶運を払うため、七日の間身を清めて慎むよう命じられた。

綱が家の門を閉ざして謹慎してから六日目のこと。幼かった綱を養育してくれた伯母が、はるばる田舎から上京してきた。綱はこの女性を慕っていたので、思わず禁を破って夜更けまで語り明かした。伯母に謹慎の理由を尋ねられた綱は、自分が鬼の腕を切り落とした顚末を語り、箱から取り出してその腕を見せた。

伯母は鬼の腕をつくづくと眺めていたが、突如腕を握りしめると叫んだ。

「これは我が腕だからもらっておくぞ！」

唖然とする綱が刀に手をかける間もなく、伯母を装った鬼は障子を破って庭へ飛び出した。一瞬後、まばゆい光に姿を変えた鬼は、夜空を愛宕山へと飛んでいってしまった。

この渡辺綱の子孫は、摂津国に勢力を張り「渡辺党」と呼ばれた。渡辺党の武士たちは京都の御所に召し出され、滝口の間に勤務したため「滝口の武士」とも呼ばれたが、夜ごとに弓弦を引き鳴らし、御所に近づこうとする鬼どもを寄せつけなかったという。

また綱が用いた名刀髭切丸は、このときから鬼切丸と呼ばれるようになり、源氏の家宝として伝えられたという。しかし髭切と鬼切は別の刀であるという説や、童子切というもうひとつの刀の存在も伝えられている。

平井保昌対土蜘蛛

地域：日本
時代：中世（十一世紀）
出典：謡曲『土蜘蛛』ほか
英雄：平井保昌／武士
敵：土蜘蛛／魔物
退治法：武勇＆知略

頼光を狙う影

酒呑童子をはじめとする鬼どもを次々と退治したことで武名を上げた源頼光だが、あるときどういうわけか風邪をこじらせて寝ついてしまった。

頼光が高熱を発してうなされていると、夜空の月がにわかに翳り、黒い霧が頼光の館に立ち込めた。うつらうつらしていた頼光の耳元に、何者かがささやきかける。

「……頼光よ、どんな気分だ。苦しいであろう？」

頼光が眼を開くと、寝所の隅に僧侶のような人影がいるではないか。その手足は針のように細く、部屋の隅にうずくまる様は蜘蛛のようであった。明らかに普通の人間ではない。

「何者か？」

頼光が問いかけるや否や人影は近づき、指先から何十本もの細い糸をしゅるしゅると放った。糸はたちまち頼光を絡め取って、手足を縛り上げようとする。

だが頼光は一瞬速く、枕頭に離さず置いていた宝刀を抜き放ち、「来るなら来い」と叫ぶや否や人影に投げつけた。その途端、怪しい人影はぱっとかき消えた。

◈塚穴の攻防

寝所の物音を聞きつけ、真っ先に駆けつけたのは平井保昌だった。酒呑童子の退治にもつき従った、頼光の最も頼りにする家来のひとりである。保昌が見ると、室内には奇怪な糸がまき散らされ、点々と血痕が落ちている。頼光から事の次第を聞かされた保昌は、武士を引き連れて追跡を開始した。

地面に点々と落ちたどす黒い血の痕をたどった保昌たちは、やがて奇妙な塚穴のようなものにたどり着いた。石と土がこんもりと積み上がった様は、大昔の塚というよりも、何かの虫の巣のようにも思えた。

保昌は塚の前に立ち、「土も木も我が大君の国なれば　いずこか鬼の宿りなるべき」と朗々と歌を詠み、地下の魔物に宣戦布告を叩きつけた。武士たちは保昌の命令一下、一斉に塚に取りつくと石を引きはがし、土を掘り返し始めた。もちろん地下の魔物も黙ってはいない。塚穴のあちこちに開いた小穴から炎を吹き上げ、あるいは水を噴出し、武士たちを苦しめる。だが武士たちの、主君頼光を狙った魔物への怒りはすさまじく、火炎や水流をものともせず、古塚を暴き続けた。

やがて敷石と土盛りの下から岩盤が姿を現し、暗い穴がぽっかりと口を開いた。そして暗闇から、巨大な影が姿を現した。巨大な頭を振り立て、長い指を這い回らせるその姿は、まさしく蜘蛛の怪物であった。

最後の土蜘蛛

魔物は巨大な口を開くと保昌らに吠えた。

「我こそは葛城山に住む土蜘蛛の精なり。再び世に災いをなすため頼光を狙ったが、却って追いつめられるとは無念だ。このうえはおのれらも生かしてはおかぬ！」

土蜘蛛とは遠い古代、日本統一を進める大和朝廷に抵抗し、次々と討伐されていった日本土着の精霊たちである。地下の穴深く潜伏していた葛城の土蜘蛛は、今や滅亡に瀕した一族の復讐を果たすべく、朝廷を魔物から守護する頼光を狙ったのであった。

土蜘蛛は手足から白い糸を放ち、絡め取った武士たちを振り回し、地面に叩きつけ、手足の下に踏みしだいていった。形勢は次第に逆転する。

そのとき保昌は、頼光が刀を投げつけると土蜘蛛が退散したことを思い出した。糸に絡め取られながらも保昌は刀を操り、土蜘蛛の眼に剣の光を反射させた。ぎらりとした剣の輝きに土蜘蛛は怯んだ。古代の天皇に服従しない神の末裔である土蜘蛛は、人の鍛えた金属を苦手とするようであった。しめたとばかり保昌は、きらめく刃で土蜘蛛を威嚇しなが

ら糸を切り払い、武士たちと共に打ちかかった。さしもの土蜘蛛もみるみる力を失い、ついには手足を切り放たれ息絶えた。

保昌たちは土蜘蛛の首を打ち落とし、意気揚々と頼光のところへ引き揚げた。また胴体は鉄串に刺され、河原にさらされたともいう。そしてこのとき以後、土蜘蛛は日本の国から姿を消したのである。

景行天皇と土蜘蛛

景行天皇は英雄日本武尊《やまとたけるのみこと》の父親である。『古事記』では日本武尊を次々と東西の遠征に向かわせる非情な父親として描かれているが、『日本書紀』では彼自身も軍を率いて戦う英雄として描かれている。

『日本書紀』で景行天皇が九州で退治したとされるのが土蜘蛛たちである。彼らは石窟に住んで抵抗したが、この時代には蜘蛛の怪物というよりも、人間的な存在として描かれている。

また景行天皇は軍隊に命じて、飛騨に住む両面宿儺《りょうめんすくな》という、背中合わせにふたつの顔と四本の手足を持つ巨人を退治させている。

景行天皇の時代は、天孫降臨した神武天皇の子孫と国つ神たちが正面から争った最後の時代だったのだろう。

安倍泰成 対 九尾の狐

地域：日本
時代：中世（十二世紀頃）
出典：『殺生石』
英雄：安倍泰成ほか／白魔術使い・武士
敵：九尾の狐／魔物
退治法：知略＆武勇

妖姫「玉藻の前」

鳥羽天皇の時代、京の都に「玉藻の前」という美女が現れた。「玉藻の前」がどこから来たのかは誰にもわからなかったが、非常に美しい女性であった。彼女の評判は京の都中に広まり、やがて天皇の耳に届いた。天皇は「玉藻の前」を御前に招き寄せた。

「玉藻の前」の美貌は聞きしに勝るものだった。それどころか、とてもこの世のものとは思われぬほどであった。また詩歌管絃はいうまでもなく、日本や中国の古典をたちどころにそらんじ、天皇の言葉に当意即妙の返事をしてみせた。天皇は才知兼備の「玉藻の前」にすっかり魅惑され、その日から「玉藻の前」を溺愛して片時も離さず、ついには日々の勤めも手につかない有様であった。

ある晩、天皇は貴族たちを御所に招いて宴を開いた。もちろん傍らには「玉藻の前」がぴったりと寄り添っていた。宴の半ば過ぎ、月が雲に隠されて風が強くなった。やがて突風により御所の灯が吹き消された。すわ松明をと人々が立ち上がりかけたとき、異様なことが起きた。暗闇の中に金色の光が浮かび上がった。それは「玉藻の前」の身体から発していた。人々がはっとしたそのとき、天皇はふらふらとして「玉藻の前」の腕の中にくずおれた。

泰山府君の祭

その晩より天皇は高熱に冒され、明日をもしれぬ容態となった。朝廷の大臣たちは大原の野に隠棲する陰陽師《おんみょうじ》、安倍泰成を召し出して占わせた。安倍泰成は卜占を行った後、天皇が何者かに取りつかれたと報告、道教の儀式である「泰山府君祭」を執り行うよう進言した。

泰成の勧告に従い、天皇平癒を祈る儀式が始まった。天皇の身辺に仕える十二人の女性たちが晴れの衣装をまとい、五色の幣を捧げ持つ。女性たちを背後に従えると安倍泰成は祭壇に進み出て、声高らかに「謹上再拝天長地久」と呪言を唱える。

するとどうだろう。背後で幣がかさかさと揺れ、続いて甲高い悲鳴が起きた。安倍泰成が背後を振り向くと、「玉藻の前」が幣を握ったまま苦しんでいる。「玉藻の前」は身をよじると、九つの尾を持つ巨大な狐に変じた。そして安倍泰成が飛びかかる間もなく、光を放ちながら宙に浮かび、東方の空へと飛び去った。

安倍泰成の睨んだ通り、「玉藻の前」は狐の怪物だった。それも君主の側に近づき、国政を乱したあげくに取り殺してしまうという、最悪の妖狐である。かつて古代中国の幽王をたぶらかして滅亡に追い込んだ褒姒《ほうじ》も、「玉藻の前」の姿のひとつであった。

邪念、石と化す

安倍泰成が「玉藻の前」の行方を占うと、坂東は那須の野原に潜り込んだことが判明した。早速、三浦介と上総介という武士が那須に派遣されることになった。ふたりは泰成の指示のもと、家来と共に狩りの準備に着手した。「玉藻の前」は上総介の夢枕に現れ「もしも助けてくれるなら、七代の後まであなたの家を守護しましょう」と迫ったが、泰成に言い含められていた上総介は耳を貸さなかった。

翌朝から大がかりな狩りが始まった。狙いはただ一匹の狐である。だがまる三日三晩を費やしてそれらしい場所を駆り立てたものの、狐の姿はいっこうに見当たらなかった。武士たちは疲れ果て、狩りを一時取りやめて、休息しようと野営地へ戻りかけた。

そのときである。上総介の馬の腹に、何かが食らいついているのをある武士が見つけた。驚いた上総介が馬の腹を蹴ると、それは九尾の狐であった。妖狐は乗馬に取りつき、そこから寝所の上総介に近づいていきたのだ。

武士たちのつがえたかぶら矢が、ひゅるひゅると唸りながら次々と妖狐に突き立った。狐は見る間に膨れ上がり、悪臭を放ちながら岩へと姿を変えた。このままでは死ねないと

いう執念からか、妖狐は身を振り絞って、身体を石に変じたのである。その石は毒を帯びた悪臭を放ち、さしもの武士たちも近づくのをためらうほどであった。こうして狐が岩に変じると同時に、天皇の病気は全快した。

今でも那須の殺生石からは毒気が立ち昇り、その上空を飛ぶ鳥を落とすとさえいわれている。

呪術師安倍一族

九尾の狐を見破った安倍泰成についてははっきりしたことはわからない。もっともその名前からみて、高名な陰陽師《おんみょうじ》の一族、安倍氏のひとりであったことが推測される。

陰陽道とは中国の道教から発達した呪術の一種であるが、天文地理なども交えたマジックとして中世の日本では重要視されていた。この陰陽道のリーダーの地位を世襲してきたのが安倍氏である。

安倍氏の中でも最も有名なのが、渡辺綱のエピソードにも登場する安倍晴明だ。安倍晴明は「式神」と呼ばれる鬼の一種を操り、邸宅ではさながら家来のように召し使っていたという。また貴族たちに振りかかる邪悪な呪詛を幾度も退けて活躍している。

四性鬼を操った藤原千方のような鬼使いは、決してそれ自体が邪悪なのではなく、人々に奉仕する白魔術師もいたのだ。

源頼政対鵺

地域：日本
時代：中世（十二世紀）
出典：『平家物語』
英雄：源頼政／武士
敵：鵺／怪物・怪鳥
退治法：武勇

頼光を継ぐ者

源頼光の鬼退治から二百年ほど後のこと。近衛天皇の御所に夜な夜な魔物が現れ、天皇を悩ませるという事件が起きた。毎晩、丑の刻（午前二時）頃になると、森の方角から黒雲がわき上がり、天皇の住む御所の真上を覆ってしまうのだ。

この怪事に天皇はすっかり怯えてしまった。名だたる僧侶が法力で魔物を退散させようと祈ったが効果はなく、天皇は日に日に憔悴していった。

公卿たちは困り果てたあげく、ついに武士に退治させることにした。そして朝廷に仕える武士たちの中から白羽の矢が立ったのが源頼政である。

頼政が選ばれたとき、ある者は意外に思い、ある者はなるほどと思った。源頼政はその名の通り源氏の一門で、摂津に領地を持つ豊かな武士であったが、位も低くさほど名が知られていなかった。だが頼政は、鬼退治に活躍した頼光から数えて五代目の子孫にあたる。頼光の子孫である彼ほど、魔物退治にふさわしい武士はいなかったのだ。

◈魔物を射る

怪物退治を命じられた頼政は、姿なき敵を射ることに自信はなかったが、天皇の命とあれば断ることはできなかった。家来をただひとり連れて御所に参上した頼政は、鎧もつけない狩衣《かりぎぬ》（当時の貴族の上着）のまま、四枚羽の矢を二本、手挟《たばさ》んで弓を構え、御所の南の庭に待機した。

その夜、果たして黒雲が現れ、御所の上空を真っ暗に覆い隠した。頼政が夜空を睨むと、黒雲の中にかすかに怪しい影が揺らめいている。射当てる自信はなかったが、失敗すれば武士の恥、潔く自決しようと覚悟を固めて矢をつがえる。頼政は「南無八幡大菩薩」と心に念じ、黒雲向けて引き絞った矢を放った。

黒雲がかすかに揺らめき何かが下に落ちる。頼政が「やったぞ！」と叫ぶと、家来が駆け寄って地上に落ちた影を押さえつけ、無我夢中で刀を九度突き刺した。武士たちが灯りを手に駆け寄ると、頭は猿、尾は蛇、手足は虎の姿をした怪物だった。その鳴き声は、鵺《ぬえ》という魔性の鳥の声に似ていたという。

翌朝、近衛天皇は頼政の手柄を喜び、左大臣藤原頼長に命じて剣を下し与えた。頼長は階段の上から頼政に与えようとしたそのとき、庭先の木でほととぎすが鳴いた。

「ほととぎす名をも雲井に上ぐるかな（ほととぎすの音が雲に届くように、貴公も名を高めたものよ）」と頼長が思わず歌をつぶやく。

すると頼政は「弓張り月のいるに任せて（鳥が月の入りに歌い出すように、ごく自然に弓を引いただけのことですが）」とすかさず下の句をつけた。

公卿たちは頼政が歌心にも通じていることに感じ入り、文武両道の勇士と誉め讃えた。

五月闇の魔鳥

近衛天皇の事件から七年後。頼政は再び怪物を射ることになった。時の二条天皇は、いずこからか御所の上空に飛来する、奇怪な鳥の放つ魔性の鳴き声に苦しめられたのである。

今度は五月の中頃、月のない真っ暗な闇夜であった。怪鳥は奇怪な鳴き声を一度立てると、沈黙したまま身を潜めている。頼政は最初に大かぶらの矢をつがえて放った。大かぶらの矢は矢先に玉が取りつけてあり、風に鳴るようになっている。真っ直ぐ頭上に放たれたかぶら矢は、ひゅるひゅると御所の上空に風を切って鳴る。するとその音に驚いた怪鳥が一声鳴いた。すかさず頼政は二の矢を放ち、暗闇に潜んだ魔鳥を大かぶらもろとも射落とした。

このときも感激した右大臣藤原公能が「五月闇名を現せる今宵かな（五月の闇の中に立派な武名を現したことだ）」と詠むと、頼政は「たそがれ時も過ぎぬと思うに（たそがれ時も過ぎて誰ともはっきりしないので、我が名を名乗ったまでのこと）」と応え、人々を感じ入らせた。

なお頼政が最初に射た怪物を鵺と呼ぶことが多いが、正確には二度目に射たこの怪鳥こそが「䳑」である。

頼政はその後も順調に昇進した。優れた歌人として知られた彼は、台頭する平家に抜け目なく協力し、他の源氏が次々と失墜する中で従三位という高位に昇り栄達を極めた。しかし晩年、頼政は平家の専横から朝廷を守ろうと反乱を起こし、宇治平等院で戦死した。七十五歳という高齢であった。彼の死をきっかけに全国で反乱が起こり、平家は滅亡の道をたどることになる。

大森彦七対千頭王鬼

地域：日本
時代：中世（十四世紀）
出典：『太平記』
英雄：大森彦七／武士
敵：千頭王鬼楠木正成／悪霊
退治法：武勇&呪術

魔界からの挑戦

南北朝の動乱の頃、伊予国に大森彦七盛長という勇敢な武士がいた。当時の日本は、足利尊氏が後醍醐天皇に背き、新田義貞や楠木正成といった天皇方の武将と戦いを繰り広げていた。彦七も尊氏に属して戦い、湊川の合戦で活躍した。この合戦に敗れた天皇方の知将・楠木正成は「七生報国（七度生まれ変わっても国のために戦う）」と言い残し、弟と刺し違えて自殺した。

合戦の恩賞に領地を授けられた彦七の一族は、祝いとして猿楽の舞いを開催することになった。猿楽を愛好していた彦七も早速会場に向かったが、途中でひとりの女性に護衛を頼まれた。ところが暗い山陰に入った途端、女性は口がみるみる裂け、角を生やした鬼に変じた。彦七は勇気をふるって鬼に組みつくと田に転がり落ち、助けを求めた。慌てて家来たちが駆けつけたが、すでに鬼の姿はなかった。

猿楽はこの事件で延期されたが、間もなく再び開催された。ところが上演の最中、天がにわかに暗くなって数百の怪光が出現、続いて鬼や亡者の兵士どもが天に舞う。肝を潰した観客の頭上、雲の中より声がする。

「大森彦七殿に申すことありて、楠木正成が参上した」

舞台の中央から天を睨みつける彦七に、雲の中の正成は語った。地獄に落ちて千頭王鬼に変じた正成は、第六天魔王と化した後醍醐天皇の命を受け、日本の国を果てしない戦乱に陥れようとしていた。そのためには魔力を秘めた三振りの剣が必要で、彦七の携える刀がまさしくその三本目なのだという。

正成は剣を必ず手に入れると宣言し、海上に飛び去っていった。

◈亡者との戦い

それより数日後、武装して待ち構える彦七の前に正成が出現した。七頭の牛にまたがった正成は、自分は後醍醐天皇はじめ七人の仲間を引き連れていると言い、亡者の軍団に彦七を襲わせる。彦七はこの幻影を退けたものの、すっかり神経が参ってしまった。

一族は挙動のおかしくなった彦七を一室に軟禁した。すると警護の武士の目の前で、天井から巨大な腕が彦七をつかみ、持ち上げようとした。彦七は刀を抜き放って腕を切り落とし、怪物を滅多やたらに刺す。すると怪物は舞い上がり、牛の頭を残して夜空に消えた。

翌月、正成は蜘蛛の怪物を放った。怪物は警護の武士たちを糸で絡め取り、彦七に襲いかかる。彦七が蜘蛛と組み打ちを続けるうちに、糸を切り払った武士たちが駆けつけて一斉に押しつける。と、瀬戸物の砕けるような音と共に敵は静かになった。彦七が武士たちの手を取りのけてみると、それは半分欠けた人間の生首だった。はっとして彦七が腰に手をかけると、刀は抜き取られ鞘ばかりが残っていた。

その夜更け。空から輝く球体がふらふらと彦七の館の上空に現れ、どすんと落ちた。駆け寄って一同が見れば、それはさきほど彦七たちを襲った生首の片割れだった。その生首には、彦七の刀が柄元まで刺さっていた。刀が戻ってきたものの、ぞっとした一同が生首を火に投じた瞬間、またしても生首は躍り上がった。武士たちは慌てて金挟みで押さえつけ、ばらばらになるまで焼き砕いた。

生首を火中に投じた彦七は、ほっとして言った。

「正成は七人の仲間を引き連れてきたと言った。怪異はこれで七度起きたから、これで終わりであろう」

その途端、庭の端から声がした。「七人とは限るまいよ」と。一同が暗い庭を見ると、巨大な女の顔が宙に浮かび、けたたましく笑ったかと思うと消えていった。

◈魔軍、夕雲に消える

さしもの大森彦七も、怨霊との闘争に精神をすり減らし、狂乱状態に陥ってしまった。主人を心配した警護の武士たちは夜な夜な魔除けの弓を鳴らしたが、その度に虚空から嘲笑がひとしきり聞こえる。陰陽師《おんみょうじ》に魔除けの札を貼らせたが、朝になってみると皆引きちぎられている。

彦七に救いの手をさしのべたのは、親戚の禅僧だった。禅僧は他の僧侶と共に、大般若経を連日連夜唱え続けた。すると夕暮れの曇り空の中から、車や馬の行き交うらしき物音が聞こえ、続いて弓弦の唸りや太刀の打ち合う音が聞こえたかと思うと、空は晴れ渡った。同時に彦七の病状も回復し、一族郎党はやっと安堵することができた。

最後は般若経の功徳に助けられたとはいえ、亡霊たちの執念深い攻撃から刀を守りきったのは、彦七の豪気あってのことである。だがそれは、果たして良かったのかどうか。なぜなら正成が三本の刀を狙ったのは、それがこの世の三悪……貪欲・憤怒・痴愚を象徴するものだったからなのだ。

やがて足利尊氏は血を分けた弟と争い、日本はさらなる戦乱に陥っていく。

岩見重太郎 対 猿神

地域：日本
時代：中世（十七世紀）
出典：岡山地方の伝説
英雄：岩見重太郎／武士
敵：猿神／怪物
退治法：武勇＆知略

猿神の供物

群雄たちが天下統一を争った戦国時代も終わりに近づき、豊臣秀吉が天下人として君臨していた時代である。

荒らぶる神々が人々の前から遠ざかり、もののけの類も姿を消そうとしていたかに見える時代だが、山野を分け入れば、まだまだ古きものが潜んでいた。

美作国《みまさかのくに》の山奥に、こうした古きものたちが未だ力を振るう地域があった。戦国の騒乱も遠い噂として聞くばかりの山村で、人々の上に威を振るっていたのは猿神であった。この山奥には年老いた巨大な猿が棲息し、土地の人々から山神として崇め恐れられていたのである。

猿神は血生臭い獣であった。この地域の村人は、毎年の祭礼に若い娘を生け贄に捧げ、満足させねばならなかった。さもなければ残虐な仕返しが「祟り」として待っていたのだ。

その年もひとりの娘が猿神への供え物になっていた。娘が猿神への生け贄に定められてからまる一年の間、娘は村人から豪華な食事を振る舞われていた。精一杯太らせておいて、猿神の機嫌を損ねないようにしていたのである。だが、自分の運命を知る娘の食が進むわけもなく、娘も両親も嘆き悲しんでいた。

◈遍歴の武芸者

このとき、村にやって来た若者がいた。岩見重太郎という名の若武者である。

岩見重太郎の出生地は明らかではないが、各地を遍歴して武芸を極め、戦国の世に功名を上げようと志す武芸者のひとりであったことは確かである。伝えられるところによれば重太郎は当初、父の仇を捜し求めて諸国を遍歴した。そして天の橋立で仇討ちを果たした後も、河内国で山賊を退治するなど、各地で人々を苦しめる悪漢どもを討ってきた。

時代の子である彼が、古代そのままの慣習を残すこの山里に迷い込んだことこそ、あるいは神々の導きだったのかもしれない。人々から事情を聞き出した岩見重太郎は、村人が古い慣習に縛られていることを憤った。そして自分が娘の身代わりとなることを申し出たのである。

重太郎の願いは聞き届けられた。村人にしても、誰ともしれぬ風来坊を犠牲にするほうが気が楽であったろう。翌日から供された御馳走を毎日ぺろりと平らげながら、重太郎は準備に余念がなかった。

猿たちの祭礼

重太郎が村で待つうち、いよいよ祭礼の日がやって来た。

岩見重太郎が娘の代わりに長びつの中に身を横たえると、村人は山奥の古びた社殿に長びつを運び込んだ。

重太郎が待つ間に夜がやって来た。夜気が長びつの中に忍び込む頃、周囲にざわざわという物音がする。重太郎がそっと長びつの蓋を押し上げて見回すと、身の丈二メートルを超える大猿が正面にうずくまり、その周囲には百匹余りの猿が並んでいるではないか。

何も知らぬ大猿はのっそりと立ち上がり、長びつに近づくと手をかけた。次の瞬間、重太郎は長びつの中から猿神に躍りかかった。百匹の猿どもが吠え立て、鳴き叫ぶのにも構わず、重太郎は猿神と組み打った。年老いた大猿の力はものすごかったが、組み打ちの末に重太郎は猿神を組み敷き、引き抜いた刀で猿神の首をはねた。百匹の猿どもは思わぬ結末に仰天し、次々と森の奥に逃げ散ってしまった。

夜が明けて重太郎は意気揚々と村に戻った。村人は仰天し、それこそ祟りに怯えたが、人々の上に災難が降りかかることは二度となかった。

岩見重太郎はこの後も各地で武者修業を続け、名だたる武芸者となった。彼は元和元年（一六一五年）、薄田《すすきだ》隼人《はやと》と名乗って豊臣秀頼の軍に参加、大坂夏の陣で戦い華々しい最期を遂げたという。

ポイヤウンペ対共食いども

地域：日本
時代：古代
出典：アイヌ伝説
英雄：ポイヤウンペ／神
敵：共食い／魔物
退治法：武勇

小さき神ポイヤウンペ

ポイヤウンペは北海道の先住民族アイヌの間に伝わる英雄である。

ポイヤウンペとは「内陸に住む小さな者」を意味している。その名の通り小さな神のようであるが、神よりも人間に近い存在と考えられている。ポイヤウンペは天界と地界、地下の世界を自由に往来する。ときには天界での記憶を持たぬまま人に交わって地上で暮らしたりもする。

ポイヤウンペについては様々に異なった伝承が伝えられている。それらをみるとポイヤウンペとは、英雄的な神人たちを指す呼び名のようだ。しかし天界の記憶を持たぬまま人と交わって暮らすこともあり、同一の神が長い歳月に転変を繰り返したのかもしれない。ここに伝えられているのも、そうした数いるポイヤウンペの中のひとりの活躍である。

アイヌラックルの悲運

昔、アイヌラックルが天界のコタンコロカムイ（国つ神）の家の隣に住んでいた。アイヌラックルとは「人間臭い者」を意味する。また、ときにはポイヤウンペの別名でもある。

コタンコロカムイの家では連日、楽しげな宴が開かれていた。小さな神は呼ばれていなかったが、あるときふと思い立って家に入った。するとコタンコロカムイの妹が酒の入ったお椀を勧めた。ふたりは仲良く酒を汲み交わした。

それを見つけたコタンコロカムイは、ふたりが仲良くしているのを怒った。妹はポロシルンカムイ（山の神）の許婚者だったのだ。面子を潰されたコタンコロカムイは白狐の兄弟に命じ、アイヌラックルを船の帆柱に縛りつけて「共食いども」の国に送ろうとした。

アイヌラックルは船上で縄を解いて白狐の兄弟を殺したが、時遅く船は天界から下界へと漂流していく。一度コタンコロカムイが命じたならば、地下に赴かない限り天上へは戻れないのが定めであった。

船は雲間を抜けて飛び、海に降りると海底の穴をくぐってトヨランモシリ（土が落ちるところ）にたどり着いた。この地下界の渚に漂着すると、「共食いども」が襲ってきた。それは、犬のような姿をした汚らしい地獄の獣たちだった。アイヌラックルは木切れを手に戦ったが、殺しても殺しても「共食いども」は現れて食らいつく。ついに力尽きたアイ

ヌラックルは、必死に「共食いども」から逃げながら土人形を六つ作って弟の家に飛ばした。

ポイヤウンペの復讐

その頃、弟のポイヤウンペは地上で暮らしていた。彼は自分が天界の存在であることも知らず、人々と交わりながらトミサンベッ（富を生む川）に城を構えていた。

すると彼の家の上空に何かが飛んできて、大きな声で叫ぶ。それはアイヌラックルの飛ばした土人形だった。

「ポイヤウンペよ、お前の兄アイヌラックルが襲われているよ……」

土人形は一部始終を語り終えると姿を消した。

ポイヤウンペは、初めて自分に兄神のいることを知った。そしてたちまち雲に乗ると、まだ見ぬ兄を捜しに飛び立った。

海の穴をくぐって地下界にたどり着くと、そこには瀕死の兄神が横たわっていた。もはや助けられぬと知ったポイヤウンペは、やにわにアイヌラックルを切り殺した。ポイヤウンペは魂の遠ざかる音を聞いた。アイヌラックルが天界に戻っていったのだ。

ポイヤウンペは醜い「共食いども」に襲いかかった。ポイヤウンペは携えた刀で「共食いども」を次々と切り殺したが、「共食いども」は後から後から牙をむき出して襲ってくる。いつ果てるともない戦いの末、ついにポイヤウンペは「共食いども」を一掃した。

ポイヤウンペは身を翻して再び雲に乗ると地獄から地上へ、そして天界へと駆け昇った。彼はまずポロシルンカムイのところに飛び込んで山神を切り倒し、続いてコタンコロカムイの家に入って彼らを皆殺しにした。人間と交わる者に対して傲慢な態度を取った神々は、こうして報いを受けていった。

ポイヤウンペは兄の復讐を果たし、悪い神を全滅させたことに満足して城に帰った。一方アイヌラックルは甦ってコタンコロカムイの妹と結婚し、幸福に暮らした。

第四章

西アジア編

マルドゥク対ティアマト

地域：バビロニア
時代：太古
出典：シュメール神話
英雄：マルドゥク／神
敵：ティアマト／邪神
退治法：武勇＆アイテム

混沌の母ティアマト

世界の初め、そこは天も地もなく、ただ一面の海が広がっていた。深淵の神アプスと混沌の女神ティアマトによってこの海は生み出された。そして海の中から天空神アヌや全能神エアをはじめとする、バビロニアの神々が生まれた。神々は宇宙に秩序と法則をもたらし、世界を造り始めた。

だがアプスとティアマトの二柱の親神は子供らの所業を喜ばず、従順な子供たちと結んでエア神の支配権を奪おうとした。彼らは世界を混沌と無秩序のままにしておきたかったのである。これを知ったエアは機先を制して父神アプスを捕えたが、より手ごわい母神ティアマトを怒らせただけだった。彼女は深淵と混沌の軍勢を召集し、毒血を体内にめぐらせた大蛇、巨竜、嵐の妖婆、魚人、混沌の山羊など十一の怪物を生み出した。ティアマトは悪神キングーを混沌の大将に任命すると運命の書を授け、天空神アヌの権力を彼のものとした。

母神が戦争の準備を着々と進めていることを知って神々は震え上がった。アヌ神とエア神が説得に派遣されたが、母神の恫喝にひとたまりもなく逃げ帰った。困った神々はエアの息子、勇敢なるマルドゥク神を頼った。マルドゥクが母神の打倒を快諾すると、神々はマルドゥクを祝福し、彼を神々の王とした。

巨竜殺し

マルドゥクは「恐れの衣」をまとうと雷電の投槍と弓を装備した。そしてアヌ神に授けられた大網を背負い、七つの嵐を携えると戦車に乗った。その頭上には不滅の灯火が輝いている。雷鳴と暴風を引き起こすマルドゥクの戦車の後に、多数の神々が従った。

マルドゥクと神々は混沌の本拠に向かった。混沌なる母神ティアマトは、今や原初の巨竜の姿となり、その四肢を醜くのたくらせていた。マルドゥクとティアマトは激しい呪いの言葉を投げ合った後、前に進み出た。双方の神々や魔物も、両神の後から武器を手に進み出る。

マルドゥクはアヌの大網を投げ、ティアマトを絡め取った。竜は四肢の自由を奪われながらも、差渡し二十キロメートルもある口を開いて神々を飲み込もうとした。そこでマルドゥクは七つの嵐を呼び起こし、竜の口に吹きつけた。すさまじい風圧で口を閉じることもできず、竜の体内には次から次へと暴風が注ぎ込まれて体を膨張させる。さしものティ

アマトも呼吸すらできなくなり、心臓の鼓動は弱まった。
そこでマルドゥクは、雷電の投槍を断末魔の巨竜に投げつけた。槍はティアマトの膨れ上がった身体を突き破って、心臓を貫いた。こうして巨竜は息絶えた。

世界の創造

マルドゥクが巨竜を殺すや否や、混沌の勢力は争って光が届かぬ深淵へと逃げ出した。だがマルドゥクの投げたアヌの大網から逃れることはできなかった。マルドゥクは彼らから武器を取り上げると深淵の牢獄に投げ込み、怪物たちを踏みにじってしまった。マルドゥクは混沌の大将キングーも捕え、運命の書を取り上げた。こうして以後、宇宙の至高の権力はマルドゥクのものとなったのだ。

マルドゥクは混沌の神々を粉砕すると、再びティアマトの死体に向かった。棍棒でその頭蓋骨を粉砕すると、北風を呼び起こしてその血をまき散らした。それから巨竜の身をふたつに裂くと、一方を頭上に置いて天とし、もう一方を下に横たえて大地とした。そして神々をかたどって星々を造り、その軌道を定めた。また月を造り出し、その満ち欠けと運行も定めた。

神々は天地を造ると、そこに住む人間を造ることにした。エア神の息子ベルスが首を切られ、その血と土をこね混ぜて人間が造られた。

こうして竜の亡骸から世界や数多くの生命が造られた。竜を殺したマルドゥク神はあらゆる神々の上に君臨する大神として、宇宙の秩序を形作ったのである。

ギルガメシュ対フンババ

地域：バビロニア
時代：古代
出典：『ギルガメシュ叙事詩』
英雄：ギルガメシュ／半神
敵：フンババ／魔物
退治法：助力&武勇

半神ギルガメシュ

ユーフラテス川のほとり、バビロニアの遺跡から発掘された粘土板には、紀元前二〇〇〇年に起源をさかのぼるであろう記録が残されている。この粘土板に記されたギルガメシュという名の王は、文字に記された人類最古の英雄と呼べるだろう。

ギルガメシュはシュメールの都市ウルクに生まれた。彼は最初、兵士によって城壁から投げ落とされながら生き延びた赤子だったと伝えられている。おそらくは神々に捧げられた生け贄だったのだろう。

神への供え物とされた彼は、また神の恩寵を受けた存在だった。彼は太陽神シャマシュから美しい容姿を、嵐の神アダドから荒らぶる力を授けられ、その身体の三分の二は神、三分の一は人であった。この由来から彼は、神に仕える巫女と王の間に生まれたのではないかとも推測されている。

ともあれ成長したギルガメシュは、その人並みはずれた武勇と知恵によってウルクの王となったのだった。

森の魔物

その頃ウルクの北にある杉の森には、フンババという怪物がいて杉を切り出す者を邪魔していた。その咆哮は大洪水のように響き、口からは火炎や毒の息を吐くという、巨大な魔人である。一説にフンババはエラム地方の王だったといわれるが、彼の持つ力は荒々しい自然の象徴のように思われる。いわばフンババは杉の森の化身であり、御神木のようなものであった。

だがこれを聞いたギルガメシュは、親友のエンキドゥと共にフンババを退治することに決めた。エンキドゥは自然のままに育った野人で、不吉な夢を見た彼はギルガメシュを諌めたが、ギルガメシュの決意は変わらなかった。

ギルガメシュは武具師に命じ、重さ九十キログラムの大斧と、十五キログラムもある黄金の鍔のついた剣を鍛えさせた。そしてふたりは太陽神シャマシュに加護を祈ると出発した。

フンババの打倒

ギルガメシュとエンキドゥは荒野を越えて広大な杉の森に入った。深閑とした木立が

延々と続く森には、いたるところにフンババの呪いがかけられ、行く手は木々によって隠されていた。だが森を熟知するエンキドゥによって道を見出すと、ギルガメシュは大斧を振るって木を切り払いながら進んだ。
フンババの手下たちを退けた後、ふたりは森の奥まったところにたどり着いた。すると森の木々が一斉にざわめき、鬱蒼とした森影のごときものが近づいてくる。これが森の魔人フンババである。
フンババは彼らが杉を切り倒したことを難詰すると、巨樹のごとき腕を振り回して襲いかかった。フンババが口を開くと、その奥にはちらちらと炎が燃え、むっとする毒気が漂ってきた。
ギルガメシュとエンキドゥは太陽神シ

ャマシュに祈りを捧げた。するとシャマシュは彼らのために烈風を送った。強風の直撃を受けてフンババはよろめいた。この風の力によって毒気の息の力を封じられ、眼を開けていられなくなった魔物は、すっかり身動きが取れなくなってしまった。

フンババはとうとう降伏を請うたが、ギルガメシュはエンキドゥの助言に従い許さなかった。ギルガメシュは大斧をフンババの首に向かって打ち下ろした。三度目の打撃で、ついにフンババは倒れた。その断末魔の悲鳴は山々にこだまし、木々が一斉にざわめいた。フンババを打ち倒した後、ギルガメシュは家来に命じて杉の大木を切り倒し、ユーフラテス川へと引いていった。

こうしてギルガメシュは荒々しい森の怪物フンババを打ち倒した。彼の功業は、自然に対して人間が初めて収めた勝利であり、人類最古の英雄にふさわしい偉業であった。だが同時に親友である野人エンキドゥが感じた不吉な予感は、来るべき自然と人間の対立がもたらす苦悩を象徴するものだった。

やがてギルガメシュはフンババ殺しを神々に咎められ、大きな代償を払うことになる。それは、恐れを知らぬ半神に初めて孤独と悲嘆を味わわせるのである。

エンキドゥ対クサリク

地域：バビロニア
時代：古代
出典：『ギルガメシュ叙事詩』
英雄：エンキドゥ／半神
敵：クサリク／怪物
退治法：武勇

野性児エンキドゥ

ウルクの支配者ギルガメシュは最初の頃、大変な暴君であった。彼の所業に苦しめられたウルクの人々は、彼を打ち倒すような半神を授けてくれるよう神々に祈った。この願いに応え、創造の女神アルルが粘土と唾からこね上げたのが半神エンキドゥである。

エンキドゥは怪力を持つ毛むくじゃらの巨漢だった。この世に現れたとき、エンキドゥの身体は大人だが、心は無垢な子供のままだった。彼はカモシカと共に草を食べ、獣たちと泉の水を飲んでいた。エンキドゥを見つけた狩人はこれを見て驚いた。山野を自由に駆け回り、罠も怪力で引きちぎってしまう野人に手を焼いた狩人は、ギルガメシュにこのことを報告した。ギルガメシュは宮殿の女を遣わして罠を仕掛けることにした。

エンキドゥの前に現れた女が媚びてみせると、エンキドゥの心に初めて人間の感情が芽生えた。女の色香に惹かれたエンキドゥは、彼女に誘われるままウルクに向かった。そこにはギルガメシュが待ち受けていた。ふたりは王宮前の広場で、激しい組み打ちを繰り広げた。最後に力が互角であることを悟ったふたりは、殺し合うことをやめて友となった。

エンキドゥはウルクに住み、パンや酒の味を知った。服を着ることやベッドで寝ることと、そして女を愛することも覚えた。こうしてアルルの思惑は外れてしまった。だがエンキドゥと同様に、ギルガメシュも変わった。生まれて初めて認め合う友を持ったギルガメシュは、暴君であることをやめ、寛大で慈愛深い王になったのである。

女神の邪恋

フンババ退治からギルガメシュが帰還すると、ウルクの神殿に住んでいた美と愛の女神イシュタルが彼の前に現れた。イシュタルは彼に恋焦がれていることを告げ、夫になってほしいと求めた。だがギルガメシュは、愛と美の女神の気まぐれさもよく知っていた。彼は愛人に飽きたイシュタルが、どんな仕打ちを彼らにしたかを事細かに挙げて、女神のプロポーズを断ってしまった。

恥をかかされたイシュタルは怒り狂い、父なる天神アヌに仕返しをねだった。どう考えても愛娘の逆恨みなのでアヌは気が進まなかった。だが娘のしつこさに根負けした彼は、天上の黄道に飾られた牡牛座クサリクを引き降ろし、ウルクに放ったのである。

天空から舞い降りた巨大な牡牛は、角を振り立ててウルクの城門を破り、宮殿のギルガメシュに襲いかかった。ギルガメシュはクサリクの巨大な角をつかみ、そのまま突き殺そ

うとする牡牛と押し合った。ギルガメシュは神力を振り絞り、クサリクの突進を押さえた。
　このままではらちが明かぬことに気づいたか、クサリクは身をよじるとエンキドゥに攻撃を転じた。口から泡を吹いて狂おしく吠え、尾を振り回し、巨大な角をエンキドゥに向けて突進する。だがエンキドゥもまた女神アルルの生んだ半神である。エンキドゥはその角を片手でつかむと腰の剣を引き抜き、牡牛の腹に一気に突き立てた。
　真っ赤な血潮が王宮の床を浸し、クサリクは前足を狂おしく蹴り立ててもがきながら、地響きを立てて倒れた。

天界の審判

クサリクを倒したエンキドゥとギルガメシュは、牡牛の心臓をくり抜くと太陽神シャマシュへの供え物とした。ふたりがシャマシュに拝礼していると、イシュタルが巫女たちを従えて城壁に上り、ふたりを激しく罵って呪いの言葉を投げた。エンキドゥが牛の腿をイシュタルの顔に投げつけてやると、女神は悲鳴を上げて逃げ去った。

ふたりがクサリクの角を捧げ持つと、市民はその大きさに仰天した。クサリクの角からは膨大な香油が取れ、その角はギルガメシュの寝室に吊るされた。ふたりは盛装してウルクの街路を行進し、勝利を祝う宴会を催した。

だがその夜、エンキドゥは神々がフンババとクサリクを殺したふたりへの罰を審議する夢を見た。間もなくエンキドゥは熱病に冒され、生まれ育った草原を懐かしみながら息を引き取った。

親友の死により痛手を受けたギルガメシュは、半神といえど死から逃れえぬことを思い知らされた。それが彼をさらなる冒険に誘うことになる。彼は不死の薬を求めて荒野をさすらい、地下の世界に下ることになるのだ。

ファーリドゥーン対蛇王ザッハーク

地域：イラン
時代：古代
出典：『シャーナーメ（王書）』
英雄：ファーリドゥーン／王
敵：ザッハーク／魔王
退治法：武勇

蛇王の誕生

『シャーナーメ』は、十〜十一世紀の詩人フェルドウスィーがゾロアスター教の伝説を下敷にしてイランの架空の歴史を綴った長大な叙事詩である。もとの伝説ではアジ・ダカーハという三頭の竜であった怪物が、ここでは両肩から蛇を生やした王ザッハークに変えられて謳われている。

あるとき悪魔が、アラブの王子に父を殺して王位を得ろとそそのかし、策を授けた。悪魔の誘惑に負けた王子は、言われた通り善き父マルダース王を落とし穴に落として殺し、玉座に就いた。それがザッハークである。悪魔はさらに料理人に化けてザッハークに気に入られ、王の両肩へ口づけを求めた。王が許すと、悪魔が口をつけた両肩から二匹の黒い蛇が生えた。蛇は何度切り落としてもまた生えてくる。悪魔は今度は名医に変じて彼の前に現れ、蛇をおとなしくさせるには人間の脳を食べさせるしかないと助言した。ザッハークは毎日ふたりの人間を殺してその脳を蛇に与えるようになった。

その頃イランでは、七百年間善政を敷いたジャムシード王が晩年になって堕落し、人心を失っていた。ザッハークはその機に軍をイランに進めて征服する。ジャムシード王の娘のシャフラナーズ、アルナワーズは捕えられた。毎日イランのふたりの若者が、脳を蛇の餌とするために殺される。料理人は、人間の脳を羊の脳で水増しすることで、ふたりのうちひとりを助けて逃がした。クルド人はその人々の子孫だという。こうしてザッハークの圧政は一千年に及んだ。

ファーリドゥーンの出陣

ザッハークは、いずれ自分を倒すのがファーリドゥーンという者であることを予知夢で知った。そこで先手を打ち、その成長の前に殺そうと厳しい捜索を開始した。

ファーリドゥーンは王家の子孫で、父親はザッハークに殺された。ザッハークの夢と捜索の話を聞いたファーリドゥーンの母ファラーナクは、牝牛ビルマーヤの乳で息子を育て、蛇王の手が伸びる前に彼を連れて逃れる。ファーリドゥーンはエルブルス山の隠者に預けられ、そこで逞しく成長した。十六歳になって山を降りた彼は、自分の出生を教えられ、邪悪な蛇王の打倒を決意する。

この頃、鍛冶屋のカーヴェという人物が「ザッハークの夢に出たファーリドゥーンを王に迎えてザッハークを打倒しよう」と人々に訴え、兵を集めて蜂起した。彼は槍の先に鍛冶屋の革の前掛けを縛って旗印とする。ファーリドゥーンはふたりの兄と共にこの軍と合流し、人々に歓呼の声で迎えられた。彼はカーヴェの旗を黄金と錦と宝石で飾った。

◈対決

ファーリドゥーンは、聖なる牝牛ビルマーヤの頭に似せた矛を作らせて、それを武器とし、小山のような馬にまたがって兵の先頭を進んだ。途中、美しい若者が現れ、魔法を解く術を彼に教える。若者は天使であった。進軍途中のアルワンド川（チグリス川）ではザッハークを恐れる渡し守が言うことを聞かず、人馬は泳いで渡河した。

こうしてエルサレムのザッハークの宮殿に到着した一軍だが、宮殿は悪魔や魔法使いに守られていた。ファーリドゥーンはこれを破り、ふたりの姫を救った。が、肝心のザッハークはインドまで出かけていて不在だった。報告を受けたザッハークが兵を率いて戻ってくると、戦うことのできるすべての人々がファーリドゥーンの味方で、どの家からもレンガや石が飛んできた。そこでザッハークは単身、宮殿の屋根に上ってみると、シャフラナーズ姫が若いファーリドゥーンの側にいる。嫉妬で激高した彼は彼女を刺そうと宮殿に侵入する。これに気づいたファーリドゥーンが牛頭の矛をザッハークの頭に振り下ろし、兜を砕いた。

このとき再び天使が現れた。「彼を縛り、デマーヴァンド山に閉じ込めなさい。まだこの者の死期は来ていない」という。

ファーリドゥーンはデマーヴァンド山の洞穴に鉄の杭を打ち込み、そこにザッハークを鎖で幾重にも縛りつけた。その後、ファーリドゥーンは善政を行い、五百年の間、世を平和に治めた。

シンドバッド対黒い巨人

地域：イラク
時代：古代（八世紀）
出典：『千一夜物語』
英雄：シンドバッド／商人
敵：黒い巨人／怪物
退治法：武勇＆知略

船乗りシンドバッド

ウマイヤ家の教主（カリフ）、ハルーン・アッラシードのもとにイスラム文明が最盛期を迎えていた頃である。

百万人の人口を数える世界一の都バグダッドに、シンドバッドという若者がいた。彼は富裕な商人だった父親の遺産で贅沢に遊びほうけていたが、ふと気がつくと財産はあらかた使い果たされていた。だが甘やかされたお坊ちゃんでも名だたるアラブの商人だ。シンドバッドは落胆せず、残った財産すべてを売り払うと商品を買い込み、船を買って海に出たのである。

誰も見たことのない土地を目指したシンドバッドは、行く先々で途方もない事件に出くわした。巨大な海魔やロック鳥に何度も船を沈められ、身ひとつでたどり着いた島では人食い人種や怪物に出くわした。だがシンドバッドはその都度、持ち前の機転と唯一神アッラーの加護で切り抜け、莫大な儲けを稼ぎ出したのである。

ここでは前後七回に渡る彼の航海から、三度目の航海のエピソードを紹介する。

三度目の正直

インド周辺を往復した後、バグダッドで優雅な暮らしを送っていたシンドバッドは、またしても冒険と商売のスリルに誘われた。彼は早速、商船を雇うと出航した。これが三度目の航海だった。

最初のうち、航海は順調だった。しかし陸地がすっかり見えなくなって何日かした頃、船が危険海域に入り込んだことにシンドバッドたちは気づいた。船乗りたちの恐れる「猿が島」に近づいていたのである。

気がつくと船の周囲には、無数の真っ黒い猿が泳いできて、びっしりと船を取り囲んでいる。やがてよじ上ってきた猿どもは、乗組員にしがみついて身動きを取れなくさせてしまった。そしてマストに上ると勝手に帆を張り、舵を握った。あれよあれよという間に船は「猿が島」に進んでいく。

猿どもの動きは、何者かに操られているように統制が取れていた。猿どもはこうしてシンドバッド一行を島に放り出すと、再び船を沖合遠く運び去ってしまった。

やむなく島内を歩き回ったシンドバッド一行は、広壮な宮殿の廃墟にたどり着いた。誰が建てたのかもしれぬ廃墟の中には、ばかでかい炊事道具と金串、そしておびただしい白

骨が積み重ねられていた。その屍臭に一行が唖然としていると、天井から巨大な影が降りてきた。それはさっきの猿をそのまま大きくしたような巨人だった。その眼は炎のように赤く、唇は胸まで垂れ、象のような両耳が肩を覆っていた。

巨人は一行を素手でつかまえて検分すると、まず船長の首をあっさりと折った。そして大きな金串を犠牲者の口から尻まで刺し通し、丸焼きにすると一飲みにしてしまった。黒い巨人は震え上がる一行には目もくれず、そのままごろりと横になって高いびきを始めた。

一難去って……

シンドバッドたちは逃げ出そうとしたが、島は洞窟さえもない平地だった。一行は身を隠す暇もなく次々と串焼きにされていく。こうなったら座して死を待つよりも、怪物を殺すほうがアッラーの道にかなうとシンドバッドは皆を説得した。おそるおそる館に戻ると、巨人は例によって寝入っている。シンドバッドたちは金串を持ち上げて火であぶり、巨人の両眼を一気に焼き潰した。

巨人の悲鳴を後に海岸へ走った一行は、用意していた筏に飛び乗った。ところが眼を潰された巨人は、さらに恐ろしげな牝の巨人に手を引かれて追ってきた。怒り狂った巨人たちは筏に岩を投げつけ、ほとんどの者は海に落ちて溺死してしまった。

ようやくたどり着いた隣の島は、今度は大蛇の巣であった。残りの仲間も次々と蛇に食われ、シンドバッドがさすがに観念したときである。まさにアッラーの加護、通りがかった商船に彼は拾い上げられた。しかもその船は、前の航海で商品を預けたまま、生き別れとなっていた商船であった。船長は再会を喜び、まだ商品を処分していないことを告げた。船はインドに到着し、シンドバッドは今回の損失を上回る利益を上げたのである。

このようにしてシンドバッドは、前後七回の航海で膨大な富を築いた。ようやく隠退した彼はバグダッドの豪邸で家族に囲まれ、末長く幸せに暮らしたのである。

シンドバッドとロック鳥

船乗りシンドバッドの航海は前後七回にも及んだ。彼の航海によって一躍その名を知られるようになったのがロック鳥である。この鳥は象を両足につかまえて空中高く舞い上がり、空中から落として殺しては餌食にするというから、恐ろしく巨大であることがわかる。

シンドバッドが（例によって）難破の末にロック鳥の巣のある島にたどり着いたとき、彼はロック鳥の卵を見つけた。その周囲を歩くだけで百五十歩はかかったという。さすがにこんな馬鹿でかい代物を退治しようもなく、シンドバッドはほうほうの体で脱出している。とにかく見て帰ってきただけでも大冒険なのであった。

ダビデ対ゴリアテ

地域：イスラエル
時代：古代（紀元前十世紀）
出典：旧約聖書『サムエル記』
英雄：ダビデ／戦士
敵：ゴリアテ／巨人
退治法：武勇

羊飼いと預言者

パレスティナの地に住むユダヤ人はいくつもの部族に分かれて争っていた。だが彼らを取り巻く異民族の侵略を前に統一の気運が芽生え、サウルがイスラエル全土の王となっていた。

この頃、ベツレヘムの地にダビデという若者がいた。ダビデは均整の取れた身体を持つ利発な、輝く瞳をした美しい少年だった。末っ子である彼の役目は、一家の飼う羊の番だった。羊を襲う野獣を何度も追い払った彼は、見た目よりも勇気と体力があったが、それを除けばごく普通の羊飼いだった。

ある日のこと、ユダヤの民が尊敬する預言者サムエルがベツレヘムにやって来た。サムエルはダビデの父親に、息子たちを連れてくるように言った。サムエルは末っ子のダビデを見ると立ち上がり、角の油入れから膏油を取り出して少年の頭に注いだ。そしてサムエルは満ち足りた表情で立ち去った。

サムエルは至上神ヤハウェから、サウルに代わる新しい王を見つけるように命じられていた。ダビデが油を注がれたのは、彼が王として神に選ばれた証なのであった。そして、その証となる事件が間もなく起こった。

◈巨人ゴリアテの挑戦

その頃、ユダヤの民は近隣のペリシテ人に脅かされていた。サウル王はユダヤの男子を召集し、侵入してくるペリシテ軍と果てしない戦いを続けていた。末っ子のダビデはまだ幼いので召集されなかったが、兄への差し入れを届けるため戦場に向かった。

サウル王の軍隊はエラの谷間でペリシテ軍と向かい合っていた。到着したダビデが見ると、ペリシテ軍の隊列から雲をつくような人影が進み出てユダヤ人を罵倒していた。それはゴリアテという名の、身長三メートルを超す巨人であった。ゴリアテは鉄の兜をかぶり、青銅の鎧と臑当てを身につけていた。その槍は機織りの巻き棒のように太く、穂先は鋭く重かった。

遙かな古代の巨人の血を引くゴリアテは、毎日のように一騎打ちを挑み、挑戦者がいないユダヤ人を嘲笑していた。サウル王と兵士はこの巨人ひとりに威圧され、進むことも退くこともできない窮地に立たされていた。

このような事情を兄に教えられたダビデはサウル王の前に進み出た。サウルはこんな子

供が戦おうとするのに驚いたが、ほかに手段もなかったのでダビデに賭けることにした。サウルは少年を武装させようとしたが、鎧や兜が重過ぎて少年はよろめいてしまう。さすがにサウルは不安になったが、ダビデは鎧を脱ぎ捨て、羊飼いの杖と袋だけを持ってゴリアテに向かった。

油、注がれたる者

昼となく夜となくユダヤの民を罵っていたゴリアテは、ようやく挑戦者が出現したので身構えた。ところがやって来たのは、小さな羊飼いの子供ではないか。一瞬あっけにとられたものの、ゴリアテは槍を構えて前進した。

ダビデは袋から、河原で拾ってきた

石を素早く取り出すと、獣避けに使っていた革製の石投げに込めた。そして石投げを旋回させ、目にも止まらぬ速度で石を放った。石はあっという間にゴリアテの眉間に当たった。額を割られた巨人は、何が起きたのかもわからぬまま、どうと地面に倒れた。ダビデはゴリアテに駆け寄ると巨体の上にまたがり、巨人の腰から長大な剣を引き抜くと持ち主の首をはねた。

ペリシテの兵士たちは巨人のあっけない最期に一瞬どよめいたが、やがて三々五々に盾を投げ捨てて逃げ出した。サウル王は目ざとく追撃を命じ、ユダヤの戦士たちは槍や剣を手に追撃し、ペリシテ軍は壊滅した。

サウル王は自分に勝利をもたらした羊飼いの少年を親衛隊員に任命した。ダビデは将軍としてペリシテ人を次々と破り、やがてサウル王の娘と結婚した。

ところがダビデはサウルに命を狙われ、イスラエルを去って亡命する。それは彼が預言者に油を注がれた未来の王であることを、サウルが知ったからであった。

だがダビデの運命はほかならぬ至上神ヤハウェの決めたことだった。やがてダビデを欠いたイスラエル軍はペリシテ人に大敗し、サウル王は戦死する。続くユダヤ人の内乱を収拾してイスラエルを統一したダビデは、偉大なる王として君臨するのである。

ホルス対セト

地域：エジプト
時代：太古
出典：エジプト神話
英雄：ホルス／神
敵：セト／神
退治法：武勇

オシリスの謀殺

遙かな昔、エジプトを治めていたのは偉大なオシリス神であった。

太陽神ラアの祝福を受けたオシリスは最初の人間たちに文明を授け、農業や建築、法律を教えた。平和な神であるオシリスは世界をあまねく旅し、言葉によって神々や人間を従えた。

またオシリスの弟にセトという神がいた。セトは母親の腹を食い破って生まれたといわれる。その髪と眼は赤く、細く伸びた鼻と長く四角い耳、太い尾を持っていたが、しばしば鰐や蛇、河馬《かば》といった水辺の動物にも姿を変えた。好戦的な神であるセトは、太陽神ラアの船を大蛇アペプから守るのに功があったが、同時に傲慢で腹黒くもあった。

オシリスを妬んだセトは、宴会に美しい箱を運び入れ、そこに横たわることができる者にその箱を進呈しようと誘った。オシリスが中に横たわったところ、セトと手下たちが蓋を閉じ、釘を打ちつけてナイル川に投げ込んでしまった。さらに川辺に流れ着いた亡骸をばらばらにしてまき散らしてしまったのである。

オシリスの妻にして妹の女神イシスは、夫の亡骸を捜し求め、拾い集めて甦らせようとした。だが半ばにしてセトに気づかれ、セトの遣わした七匹の蛇に追われて湿地に逃げ込んだ。オシリスの亡骸に触れて妊娠していた彼女は、そこで子供を生んだ。それが新たなる太陽神ホルスである。

ホルスの反撃

隼の頭を持つホルス神は、また生まれながらに太陽の力を備え、翼持つ日輪の姿を取ることもあった。セトの攻撃に苦しみながらも、母イシスの庇護によって彼は無事に成長した。彼に戦いの技を教えたのは、今や黄泉に下った父オシリス神であったともいわれる。時が経ち、青年となったホルスはセトの圧政に苦しむ人々を糾合し、正義と復讐の戦いを起こした。

ホルスとセトの戦いは様々に語られている。ホルスは仲間と共に葦船に乗ってナイル川を攻め上った。セトは巨大な蛇に変じてナイルに横たわり、鰐や河馬の姿をした魔物たちを繰り出した。彼らの戦いはナイルの水源から海辺やアジアとの境まで、エジプトのほぼ全域に及んだ。

ふたりの力はほぼ互角だった。青年神ホルスには昇る太陽のような溌剌とした力がみな

ぎっていたが、叔父のセトは抜きん出た戦神で経験と術策に勝っていた。彼らは互いに無傷ではすまなかった。あるときはホルスがセトを槍で突き刺し、その首をはねて母イシスのもとへ持ち帰った。またあるときにはセトに片眼を引きちぎられたが、相手の男根を切り落としたといわれる。だが神々である彼らは、たとえその肉体の一部を切断されたところで死にはせず、すぐにその傷は癒えてしまう。ナイルの一帯を荒廃させながらも、戦いはいつ果てるともしれなかった。

神々の裁定

終わりのない戦いに業を煮やしたセトは、神々の法廷に訴え出た。オシリス殺害犯が原告になるのも奇妙な話だが、狡猾な彼は論点をエジプトの支配権にすり替えていた。ホルスは自分がオシリスの息子としてエジプトを継承すべきことを主張し、セトは自分が実質的な支配者であることを訴えた。セトは太陽神ラアの船を大蛇から守っていたので、有利な判決を期待してほくそ笑んでいた。

ところが裁判長の太陽神ラアは年老いて優柔不断になり、ころころと意見を変え裁判は八十年も続いた。裁判が続く一方、ホルスとセトは隙あらば相手を倒そうと罠を仕掛け合った。

泥試合のあげく、困った神々はついにオシリスに証言を求めた。冥界からやって来たオシリスは、ホルスがエジプトの王であることに反対する者は、たとえ神だろうと自分のところに連れていくと脅した。こうして神々の裁定はホルスに下ったのである。

この判決は、新たな神々の秩序の誕生でもあった。年老いたラアはホルスに太陽神の地位を明け渡して天界に隠退した。オシリスはあの世の神として、人間たちの死後の生活を司った。そして戦争と裁判の両方に敗れたセトは鎖で縛り上げられ、嵐と風の神としてオシリスの船を運ぶよう命じられたのである。

ラア対アペプ

地域：エジプト
時代：太古
出典：エジプト神話
英雄：ラア／神
敵：アペプ／大蛇
退治法：武勇＆助力

太陽神ラア

太陽神ラアは神々の王であり、生きとし生けるもの、すべての存在の父親であった。ラアは隼の頭を持つ神と信じられていたが、ときとして牡牛や獅子の姿となることもあった。ラアの神としての力は、その不思議な右眼に表される。ラアの右眼は自由自在にラアの身体から離れ、右眼自身が意思を持って振る舞うことがある。多くの場合ラアの右眼とは太陽そのものを意味したが、彼の娘である天空の女神ハトホルの姿となる場合もあったし、ときにはラアの意思に背いて家出してしまうこともあった。

世界が始原の水ヌンの中から立ち上がった最初の頃、ラアは地上に住んでいた。ラアだけでなくすべての神々は、人間と交わりながら地上に暮らしていた。その時代は地上が輝きに満たされた黄金時代であった。

几帳面な帝王であるラアは毎日、王宮を出ると決まった道筋をたどりながら、世界がうまくいっているかどうかを視察するのが日課だった。彼の視察と共に夜が明け、視察の終

了と共に昼が終わる。帝王ラアの慈愛のまなざしはあらゆる生命に注がれたが、だからといって甘やかし過ぎることはなかった。彼の右眼は容赦なく世界を見張り、不正や陰謀を企む者のもとへ飛んでいき、彼らを罰したのである。

大蛇アペプ

この偉大なラアにも不倶戴天の敵がいた。世界を囲む水ヌンの中に住まう大蛇アペプである。この大蛇の生まれははっきりしないが、どうやら世界の始まりから存在していたらしい。暗闇に親しんだアペプはラアの輝きを妬み、しつこく彼の命を狙っていた。

ときとしてラアが世界に向けるまなざしが強過ぎて、地上が灼熱に苦しむことがあった。そんなとき、アペプは熱に苦しむ人間や魔物にラアへの反感を吹き込み、反乱に踏みきらせたのである。

　アペプはラアの視察の始まり、つまり夜明けを狙って攻撃を開始した。ラアは邪悪な大蛇を倒すために彼自身の力を振るった。輝く黄金の獅子に変身すると、アペプに飛びかかったのである。戦いはラアが視察を終える日暮れまでに片づいていた。獅子身のラアは大蛇に噛みつき、その首を食いちぎった。死んだアペプは冥界の闇の中に投げ落とされた。しかしこの大蛇も太陽神ラア同様、死しては甦る不死身の存在だったのである。

◈昼と夜の航海

　永遠にも思える歳月が流れる間、さすがのラアも年老いた。いささか疲れたラアは地上を去り、天に帰ることにした。

　それからというもの、ラアは「数百万年の舟」に乗って天界をめぐり続けている。彼は毎朝、世界を囲むヌンの水の中から天界へ船出する。船には数多の神々が同乗してラアを守護した。

　青空の中には恐るべき敵が潜んでいた。あの大蛇アペプである。アペプはその身をのたくらせながら天を這い、「数百万年の舟」を押しとどめようとするので、曇りなき天界にも戦いは絶えなかった。ときとして船がアペプに飲み込まれてしまうと、世界が日食による暗がりに覆われる。だが不死身のラアは再び船を操って、アペプの身体から抜け出るのだ。

夕暮れになると船は再びヌンの水をくぐり、夜の闇の中を旅する。そのとき、世界の裏側に追放された冥界の魔物たちが次々と襲いかかってくる。やはりこの暗がりにもアペプが潜んでいて、このときがラアの航海にとっては最大の危機となる。ラアの光は死の闇の中で弱まっているからだ。船を守る戦神セトは槍を振るってアペプを突き刺し、鎖で深淵に縛り上げる。様々な危難をくぐり抜け、船は夜明けの地点までたどり着き、再び天界に昇る。その頃にはアペプも鎖を引きちぎって逃げ出し、ラアを迎え打とうと身構える。

こうしてラアは終わりなく天をめぐり続ける。そしてラアの船旅が続く限り、ラアとアペプの戦いも、また終わりなく続くのだという。

インドラ対ヴリトラ

地域：インド
時代：太古
出典：『リグ・ヴェーダ』ほか
英雄：インドラ／神
敵：ヴリトラ／竜
退治法：アイテム&武勇

インドラとヴリトラ

インドラは帝釈天の名でも知られる、神々の王である。

二頭の赤馬に引かせた黄金の戦車に乗るインドラは、雨と雷を操る天空の支配者で、強力な戦いの神であった。天上にかかる虹は、彼の出現の証であったといわれる。だがインドラは粗暴で、たちのよくない所業を引き起こしては仲間の神々すら怒らせてしまうことがあったらしい。

インドラの宿敵となったヴリトラは、阿修羅たちを率いる魔軍の首領であった。また、ヴリトラは、インドラを憎む工芸の神トゥヴァシュトリが造ったのだともいわれる。

インドラとトゥヴァシュトリの争いの原因はよくわかっていないが、インドラがトゥヴァシュトリの足の骨を折ったとか、彼の家の御神酒（ソーマ）を勝手に飲み干してしまったとか、ろくでもない理由ばかり伝えられている。いずれにせよインドラに怨みを抱いたトゥヴァシュトリは、彼のライバルとなる者を生み出した。

最初に生まれたのが、「一切を持つ者」ヴィシュヴァルーパであった。ヴィシュヴァルーパは三頭のバラモン（僧侶）であった。三つの口で聖典を唱えながら酒を飲み、同時に神々の陰口を言った。だがトゥヴァシュトリの悪口を聞いたインドラは、早速彼を殺すと三つの頭を切り落とした。さらにトゥヴァシュトリの家に押しかけ、屋内を荒すとソーマを飲んでしまった。怒ったトゥヴァシュトリは飲み残りのソーマを火に投じ、呪いの言葉を唱えて新たなる息子を造った。それがインドラの宿敵ヴリトラである。

ヴリトラは巨大な竜であり、天の川から流れ落ちる水をせき止めて地上に旱魃《かんばつ》を引き起こした。インドラはヴリトラと戦ったが、この巨大な蛇は顎を広げてインドラを飲み込んでしまった。体内に飲み込まれてしまったインドラはヴリトラにあくびをさせて、ほうほうの体で脱出したという。このままではヴリトラに勝てないことをインドラは悟った。

◆金剛杵ヴァジュラ

この頃、地上のバラモンの息子にダディヤッチという者がいた。彼は修業のかいあってか神々の秘密を知っていた。インドラはかねてから「秘密をもらしたら、ただじゃおかん。お喋りな頭を切り落としてやる」と脅しつけていたが、一枚上手のダディヤッチは馬の頭を自分の胴体に取りつけて秘密をばらした。このダディヤッチは神々の秘密に通じていたせいか、彼が睨むと悪魔は死んだという。

ダディヤッチのことを思い出したインドラは、ダディヤッチならヴリトラを倒す秘策に通じているかもしれぬと思って所在を捜したが、彼はとうに世を去っていた。そこでインドラは彼の骨を拾い上げ、新たな武器を作った。この武器がヴァジュラ（金剛杵）である。また別の説には、ダディヤッチが我と我が身を捧げてヴァジュラの材料となったのだともいわれている。

神の一撃

インドラはヴァジュラを構え、再びヴリトラとの戦いに臨んだ。

多数の悪魔を従えたヴリトラの勢いはすさまじく、神々の軍勢は何度もたじろいだが、ヴィシュヌ神がインドラに自分の力を注いで元気づけた。インドラはもう一度ヴァジュラを構え直すとヴリトラににじり寄った。

ヴリトラは巨大な顎を開いて雄叫びを上げ、天地はぐらぐらと揺れた。さしものインドラも身体が震えたが、えい、ままよとヴァジュラをヴリトラに投げつける。ヴァジュラは見事ヴリトラに命中し、その腹を打った。ヴリトラは断末魔の悲鳴を上げると、地響きを立てて大地に横たわり、その腹からせき止められていた天の水があふれ、地上をみるみる潤したのである。

ヴリトラが死ぬと、彼につき従っていた阿修羅たちはたちまち意気沮《そ》喪《そう》して逃げていった。だが彼らは暗い海の底に逃げ込み、インドラや神々に敵意を燃やし続けた。新たに首領となったのがナムチであり、彼とインドラは激しい戦いを続けることになる。

ヴリトラを倒した武器ヴァジュラ（金剛杵）は、インドラ神の武器として彼のトレードマークとなった。またヴァジュラを模した各種の武器や祭具が作られ、密教の儀式などにも用いられている。

インドラ対ナムチ

地域：インド
時代：太古
出典：『リグ・ヴェーダ』ほか
英雄：インドラ／神
敵：ナムチ／悪魔
退治法：武勇＆知略

悪魔と神の講和

ヴリトラが退治された後も、阿修羅（アスラ）たちと神々の間の戦いは終わらなかった。ヴリトラに代わって魔軍の首領となったナムチは、姿こそ人間の形をしていたものの、ある意味ではヴリトラよりもさらに強大な敵だったのだ。

ナムチはインドラの精気を奪い取り、彼を一時的に捕虜にしたこともあった。インドラはサラスヴァティー（弁天）の治療によってようやく息を吹き返すが、さしものインドラも形勢の不利を認めざるをえなかったのである。

インドラと神々は、最高神ヴィシュヌに事態を打開する良策を尋ねた。ヴィシュヌは神々にナムチとの和平を指示した。

もちろん阿修羅たちを相手に本当の和平が結べるはずがなく、新たな対抗策を練るための時間稼ぎであった。

だが、そんなことはナムチもお見通しである。ナムチはインドラたちに次のような条件を提示した。

「インドラと神々は乾いたもの、湿ったもの、岩や木、普通の武器、それからご自慢のヴァジュラなどを使って、昼であろうと夜であろうと、わしを殺してはならん。それ以外の条件では駄目だ」

これではナムチを倒すことは全く不可能になってしまう。だが追いつめられた神々に選択の余地はなかった。インドラは内心はらわたが煮えくり返っていたが、ナムチの居丈高な要求を受け入れることにした。

◈水泡の策略

和平が結ばれてからもインドラは、ナムチを倒す策を考え続けていた。だが神々が立てた誓いは、誰よりも神々自身を縛っていた。

ある日の夜明け、インドラはナムチが海岸にいるのを見た。ナムチは神々の力にたかをくくっているのか、和平条件に安心しきっているのか、恐れの色はかけらもなかった。

そのとき、インドラの頭にひとつの考えが浮かんだ。

「今は薄暗い夜明け時だ。つまり昼でもなければ夜でもない。誓いに縛られずやつを倒すのは、今しかない」

インドラはこっそりとヴァジュラを構えてナムチを狙った。だがインドラには、どうし

てもヴァジュラを投げつけることができない。もうひとつの条件が彼を縛っていたのである。

　インドラは焦った。時は刻々と過ぎ、間もなく太陽が顔をのぞかせたらナムチを倒す機会は失われてしまう。彼はじりじりしながらナムチを見つめていたが、そのとき海上に大きな泡が浮かぶのを見た。

「この泡というやつは、乾いてもいないし湿ってもいないない代物だ。これを使えばいい」

　インドラは泡に駆け寄ると海からつかみ取り、一気にナムチに投げつけた。水の泡はぐるぐると回転しながら飛び、見事にナムチの頭を撃った。

　油断しきっていたナムチは、何が起き

たのかわからなかった。確かなことは、彼が何かによって一撃を受けたということと、それが自分の命を奪うということであった。振り向いたナムチは、ヴァジュラを構えたインドラを目にし、一切を理解した。「裏切り者」と一声叫んで悪魔の首領は息絶えた。その声は風に乗り、インドラの後を追いかけ続けた。

失踪と復権

こうしてナムチは倒され、悪魔の軍は四散した。だがナムチの最後の声はインドラを苦しめた。多少の不作法は意に介さないインドラであるが、戦士として卑怯な術策を弄したということは、武神である彼の誇りを傷つけたのである。さらに三頭のバラモン、ヴィシュヴァルーパを殺したことも、神にはあるまじき不敬な行為と非難された。

こうしたこともあってインドラは神々の王の座を降りて姿をくらました。インドラが失踪すると世界は旱魃《かんばつ》に覆われてしまった。神々は慌てて行方を捜し、世界の果てでひっそり修業しているインドラを見つけて再び王座に就けた。それからはインドラの所業も治り、揺るぎない世界の守護者になったのだといわれている。

ドゥルガー対マヒシャ

地域：インド
時代：太古
出典：『デーヴィー・マーハートミヤ』
英雄：ドゥルガー／女神
敵：マヒシャ／魔物
退治法：武勇

最強の女神

ヒンズーの神々（デーヴァ）と阿修羅（アスラ）たちは、長い間戦いを続けてきた。しかし戦いは常に、神々の勝利に終わったわけではない。ときには神々のほうが手ひどく打ちのめされることもあった。

あるとき、マヒシャと呼ばれる牛頭人身の魔物が率いる魔軍によって、神々は大敗北を喫した。インドラやアグニ、マヤといった神々はことごとく天界を追われ、地上は文字通り阿修羅の蹂躙するところとなった。

至高神たちのところに逃げ込んだ神々は、ヴィシュヌとシヴァに窮状を訴えた。神々の報告を聞き終わると、ヴィシュヌとシヴァは烈火のごとく怒った。ヴィシュヌとシヴァ、ブラフマーの口から光が放たれた。するとインドラはじめ諸神の身体も輝き、そこから光が放たれた。

神々の身体からほとばしった光はひとつに集まり、ひとりの女神の形を取り始めた。

神々の美点と属性が集められ、その身は金色に輝き十本の優美な腕を持つ、今までに見たこともない美しく力強い女神である。

これを見て喜んだ神々は自らの武器を次々と与えた。シヴァは三叉矛を、クリシュナは輝く円輪を、アグニは槍を、インドラは雷を、といった具合に、女神はあらゆる神々の武器を携えたのである。

こうして最強の女神ドゥルガーが誕生したのだった。

マヒシャの最期

ドゥルガーはあでやかに微笑むと、獅子にうちまたがって戦場に向かった。

地上のアスラたちは、まばゆい光が地上を照らし出したのに驚いた。そして地上に降り立った女神を目にすると、その美しさにしばし我を忘れてしまった。しかしドゥルガーが武器を掲げて叫ぶや否や、その美しくもすさまじい声にアスラたちは肝を潰してしまう。

ドゥルガーは諸神の武器を自在に操りながら、地上に満ちたアスラたちに攻めかかった。だがそれは、戦いなどというものではなかった。ドゥルガーはうっとりとした微笑みを浮かべ、アスラたちを片端から皆殺しにしていったのである。あっという間に地上はアスラたちの屍で覆い尽くされてしまい、残されたのはマヒシャだけとなった。

ドゥルガーは優しげな微笑みを浮かべたまま、マヒシャに攻めかかった。だが最強のア

スラであるマヒシャとの戦いは、これまでのようにはいかなかった。両者が激しく武器を打ち合う度に大地は揺れた。山は裂け、海は陸に逆巻き、雲はちぎれた。

マヒシャは次第に追い込まれていった。神々を次々と破った魔人も、一度に大勢の神を相手にしたことはなかった。神々の力を束ねたドゥルガーにはかなわなかったのだ。魔人は窮地から逃れるため、次々と変身した。まずは巨大な水牛に身を変え、それからライオン、人間、象と姿を変えてドゥルガーと戦う。だが神々の武器を携えたドゥルガーの十本の腕は、そのような小手先の術には乗らず、確実に急所を打ち続ける。

再び水牛の姿となり、それからまた人間に変わろうとしたとき、マヒシャはドゥルガーの腕に捕えられた。破壊神シヴァの授けた三叉矛に貫かれ、ついにマヒシャは息絶えた。ドゥルガーはその首を切り落とし、微笑みながら神々への供物としたのである。

✡美しき流血の女神

この後もドゥルガーは神々の敵を打ち破り続けた。

女神ドゥルガーの戦いぶりはまことにすさまじい。彼女は神々と世界を守るために戦うが、彼女自身は戦いを正当化する必要すら感じていないようでもある。必要があれば出現し、ひたすら凄惨な流血に身を浸す。しかも流血の中においても彼女の輝く美しさは失われない。それどころか屍の山と血の川の上に立つときほど、その微笑は優しく美しいのだ。

後にドゥルガーはシヴァの妃のひとりに数えられるようになる。まことにふさわしい夫にも思えるが、ドゥルガーが夫を必要としていることをうかがわせるエピソードは見当たらない。彼女はただひとり、誰にも頼らぬ流血の美神として存在しているのだ。

ドゥルガーはこうした点で、アテナイやモリグー、ワルキューレなどの戦いの女神と全く異なる独特な存在感をみせている。

女神カーリー

インドの神様はその身体から様々な神を生むが、戦いの女神ドゥルガーも様々な化身を生み出している。その中でも有名なのがカーリー女神だ。血塗れの剣と生首を持ち、真っ赤な舌を長く伸ばして亭主のシヴァ神を踏みつける青黒い女神の姿は、もはや美しいというものではない。しかもドゥルガー以上に血生臭く、生け贄を求める女神なのだ。十九世紀のインドに存在した宗教結社タグ団は、旅人を殺してカーリーへの生け贄とし、数千もの人々が犠牲になったといわれる。

クリシュナ対カーリヤ

地域：インド
時代：古代（紀元前七世紀頃）
出典：『バーガヴァタ・プラーナ』ほか
英雄：クリシュナ／神の転生
敵：カーリヤ／竜
退治法：武勇

神の子クリシュナ

クリシュナは叙事詩『マハーヴァーラタ』をはじめ各種の叙事詩に登場し、民衆の人気を集めるインドの英雄である。

言い伝えによるとクリシュナは、マトゥラの町を拠点とするヤーダヴァ族のヴァスデーヴァ王子とデーヴァキー妃の間に生まれた。ところがデーヴァキーの兄カンサは、自分がデーヴァキーの息子に殺されるという予言を聞いてふたりを迫害したので、ふたりは牛飼いたちの村に、生まれたばかりのクリシュナを預けることにした。

カンサはプータナーという羅刹（ラクシャシー）にクリシュナを殺すよう命じた。ラクシャシーとは阿修羅（アスラ）の一族で、女の人食い鬼である。空を飛んでマトゥラに行ったプータナーは、美女に変身して首尾良く牛飼いたちの間に潜入した。

プータナーはにこやかに微笑むとクリシュナに乳を吸わせようとした。彼女の乳首には猛毒が塗られていたのだ。だがクリシュナは死ぬどころか、ものすごい力で乳首を吸った。その力の強さのあまり、プータナーは巨大な本当の姿を現すと息絶えてしまった。

その後もカンサは次々と悪魔を送り込んだが、幼いクリシュナはその都度退治してしまう。牛飼いたちはクリシュナがただの子供ではないことに気づいた。クリシュナの養母が何気なくクリシュナの口をのぞいて見ると、太陽や星、海や大地などの世界がかい間見えた。養母や牛飼いたちが驚いたのも無理はない。クリシュナは地上の阿修羅たちを退治するため地上に転生した、ヒンズーの最高神ヴィシュヌの化身だったのだ。

◈竜の背に踊る

クリシュナが成長した頃、マトゥラの近くにあるヤムナー河畔の湖に、カーリヤという怪物が住み着いた。カーリヤは巨大なコブラの姿をした竜で、外見同様に猛毒を持っていた。そのためヤムナー川は毒で煮えたぎり、川の魚はおろか近くを通りかかった動物や人間まで、川から吹く風の毒に冒され続々と死んでしまう。

クリシュナはこれを知ると、何の恐れも抱かずヤムナー川に飛び込んだ。水中に潜んでいたカーリヤ竜は、早速クリシュナの身体に巻きつき、すさまじい力で締め上げようとした。ところがクリシュナは死ぬどころかびくともせず、逆にどんどん身体が大きくなっていく。養母がかい間見たように、最高神ヴィシュヌの化身であるクリシュナの体内には全宇宙が収められているのだ。いくら竜でも宇宙を締めつけるわけにはいかなかった。

クリシュナはなおも鎌首をもたげて怒り狂う竜を軽くあしらい、その背中にひらりと飛び乗った。全宇宙の重みにカーリヤ竜は苦しんだが、クリシュナが踊り始めたからたまらない。たちまちカーリヤ竜は口から血を吐き出して気絶してしまった。

クリシュナは竜にとどめを刺そうとしたが、カーリヤの妻が命請いをしたので竜を釈放した。クリシュナはカーリヤ竜に謝罪させると、ヤムナー川を離れるよう命じた。こうして竜は海中の島に去り、ヤムナーは再びすべての者の命を育む恵みの川に戻ったのである。

その後のクリシュナ

カンサはついにクリシュナの実の両親

を捕えると、選りすぐりの阿修羅たちを召喚し、罠を仕掛けてクリシュナを呼び寄せた。牛飼いたちに別れを告げてカンサの本拠地に入ったクリシュナに、悪魔たちが次から次へと襲いかかった。だがクリシュナは悪魔たちを次々と打ち倒し、カンサを殺すと捕えられていた両親を救出した。

クリシュナはその後も、ヤーダヴァ族を率いて様々な活躍をした。叙事詩『マハーヴァーラタ』によれば、ヴァーラタ族の大戦争に参加したクリシュナは、バーンダヴァ族の王子アールジャを教え導き、最後の決戦には王子の御者として活躍している。

ヴィシュヌの化身であるクリシュナは超人的な戦士だが、決して不死身というわけではなかった。『マハーヴァーラタ』においてクリシュナは、年老いた猟師に唯一の弱点である踵《かかと》を射抜かれて命を落としている。だがそれすらも神々のはからいであり、クリシュナは肉体の衣を脱ぎ捨て、天に戻ってヴィシュヌとして君臨しているのだという。

ラーマ対クムバカルナ

地域：インド
時代：古代
出典：『ラーマーヤナ』
英雄：ラーマ／神の転生
敵：クムバカルナ／魔物
退治法：武勇

ラーマとシーター

『ラーマーヤナ』は、『マハーヴァーラタ』と並ぶインドの英雄叙事詩である。

この物語の主人公、ラーマ王子は（クリシュナ同様に）ヴィシュヌ神の化身であった。地上の魔王ラーヴァナを退治するため地上に降りたヴィシュヌ神は、コーサラ国のダシャラタ王の子として生まれた。子供のときから武勇を発揮したラーマ王子はミティラー国の王女シーター姫を妻に迎え、幸福な人生を歩んでいた。

ダシャラタ王は妃のひとりに対して、願いをふたつだけかなえることを約束していた。彼女は自分の息子バーラタを皇太子にすること、ラーマ王子を追放することを願った。王はやむなく最愛のラーマを追放すると、悲嘆のあまり間もなく没した。

ラーマは愛妻シーターや異母弟たちと森に隠棲した。ラーマは森の平和を乱す魔物たちを退治したが、その際に彼に言い寄ってきた醜怪な羅刹シュールバナカーの耳と鼻を削ぎ落とした。シュールバナカーは苦痛と恥辱にうめきながらランカー島（現在のスリランカ）に逃げた。そこには彼女の兄、十頭の魔王ラーヴァナがいたのである。話を聞いたラーヴァナは森に飛び、ラーマの不在時にシーターを拉致するとランカーの城に幽閉した。
こうしてラーマは、彼が地上に降臨する理由となった運命と対決することになる。

ランカーの包囲

シーターの行方を追うラーマと異母弟ラクシュマナは、途中で猿の王ヴァーリンを助け、猿軍の援助を得ることができた。そしてシーターの所在を発見したラーマたちは海の上に橋をかけ、ランカーへと攻め寄せた。

ランカーの城を包囲したラーマと猿軍は、魔軍と死闘を繰り返した。ラーヴァナの息子インドラジッド王子の率いる魔軍は夜闇にまぎれて跳梁し、隠身の術でラーマたちを苦しめ傷つけた。だがラーマたちは神鳥ガルーダの来援やヒマラヤの霊草によって回復し、次々と魔物の将を倒してラーヴァナにも手傷を負わせた。

手下の将軍たちが討ち取られ、戦いは次第にラーヴァナに不利となっていった。そこでラーヴァナは形勢逆転をはかるため、弟のクムバカルナを呼び出すことにした。

クムバカルナは巨大な魔物で、目覚めているときにはありとあらゆる生物を捕えて食い、腹一杯になると何カ月でも眠り続けるという怪物である。このときは眠り始めてから九カ月目に入っていた。ラーヴァナに派遣された軍団はクムバカルナの眠る岩屋に入り込んだ。そこで巨体の前におびただしい食物を積み上げ、銅羅や太鼓を打ち鳴らし、果ては矛や槍で突き刺したり象の群れを突進させたりした。

ようやく目覚めたクムバカルナは目の前の御馳走をぺろりと平らげると兄のもとに向かった。そして黄金の鎧をまとい、その山のような巨体を揺すりながら、ランカーの城門の外に出た。

◈巨魔、倒れる

クムバカルナの出現に猿軍が恐慌状態に陥った。クムバカルナは片端から兵士たちを捕え、次から次へと口に放り込んでいく。この巨魔にとって、それは戦争というより食事であった。

ラーマは軍勢に命じ、クムバカルナを誘い込むと一斉に巨石や材木を投げ落とした。だが目覚めたばかりでうとうとしていたクムバカルナは、この攻撃で本当に目が覚め、荒れ狂い始めたのだ。彼が口を開くと数十の猿が飲まれ、腕を振るうと数百匹がはじけ飛んだ。猿王ヴァーリンも捕えられたが、ようやく逃げ出すことができた。

ラーマはついに自らの弓を取って立ち上がると、次から次へと矢を放った。一本一本ではさしたることはないが、かすり傷を限りなく負ったことでクムバカルナの勢いは弱まった。頃合いを見計らってラーマの放った決死の矢が、見事怪物の片腕を切断した。ラーマ

は次の矢で残りの腕を射落とすと、刃のついた輪を投げて両足を切り、最後にインドラの矢で首を射抜いた。こうしてクムバカルナはぐらりと倒れ、巨大な地響きを立てながら崩れて海に転がり落ちた。

戦いはなおも続いたが、クムバカルナの死によりラーヴァナの勢いは失われた。残された頼みの綱インドラジッド王子もラクシュマナに討たれ、最後の決戦に臨んだラーヴァナは死闘の末にラーマによって討たれた。

こうしてラーマは悪魔を討ち滅ぼして愛しい妻シーターを取り戻した。だがラーマは長い間魔王の虜となっていたシーターの純潔を疑った。夫に疑われたシーターは嘆きのあまり火中に身を投げるが、火の神アグニによって傷ひとつ負わなかったため純潔が証明された。こうしてわだかまりの解けたふたりは、猿軍と共にコーサラ国に凱旋した。コーサラでは争いのもととなったバーラタ王子が摂政となり、玉座に置いたラーマの靴を、王その人であるかのように仕えていたのである。ラーマは晴れてこの善良な弟から位を譲り受け、王として平和に国を治めたのだった。

白猿ハヌマーン

叙事詩『ラーマーヤナ』で、主人公のラーマ王子に負けず活躍するのが猿軍の軍師ハヌマーンである。風神の子であるハヌマーンは、機略に富んだ大胆不敵な戦士である。ハヌマーンは単身魔王の城に潜入してシーターを勇気づけたり、ヒマラヤの霊薬を入手してラーマを助ける。その途中では風に乗って空を飛んだり、身体を巨大化させたり、それこそ八面六臂の大活躍である。

こうなると思い出されるのが『西遊記』の孫悟空だ。少なくとも孫悟空の活躍のいくつかは、ハヌマーンのエピソードが中国に伝えられたものだと推測できる。

ハヌマーンは善きヒンズー教徒のモデルと考えられ、彼自身が神様として信仰の対象ともなっている。そして孫悟空も「聖天大聖」として道教の神様のひとりになっているから面白い。

第五章

東アジア編

黄帝 対 蚩尤

地域：中国
時代：太古
出典：『十八史略』ほか
英雄：黄帝／帝王
敵：蚩尤／魔神
退治法：軍隊＆兵略

文化英雄神・黄帝

中国の神話では、この世の初め、世界は三皇五帝と呼ばれる神々または聖人たちによって順番に治められた。その数え方にはいくつも説があるが、三皇の最後か五帝の最初に数えられるのが黄帝である。彼はそれまで穴居していた人々に家屋を教え、裸で暮らしていた民に衣服の織り方を伝えたとされる。船や車を発明し、文字や暦を造ったのも彼だという。中華文明の礎を造ったのが黄帝であった。

また、彼以前の三皇が牛頭人身とか蛇身人首といった人間離れした姿とされるのに対し、黄帝の肖像は人間の姿で描かれている。黄帝は神と人のまさに境界線上の存在であった。

反逆者蚩尤

この黄帝の治める天下を狙い、反乱を起こしたのが蚩尤《しゆう》である。こちらはいまだ、牛の蹄、腕は六本、眼が四つ、銅の頭に鉄の額、鉱石を食らうという異形の神である。八腕八足ともい

う。黄帝が文化の功労者なら、蚩尤は剣、鎧、矛、弩といった武器の発明者であった。単に暴れ者というだけではなく、戦略、戦術、軍隊指揮能力に長けた一流の武神でもあった。両者の対決は、まさに文と武の戦いという感じである。その決戦は、涿鹿《たくろく》の野で行われた。

涿鹿の野の戦い

黄帝は訓練した猛獣の軍を有していたが、当初、蚩尤軍には苦戦する。蚩尤は自分の一族や魑魅魍魎たちのほか、同じく黄帝に対する不平分子であった風伯、雨師を仲間にしていたからである。風伯、雨師はその名の通りの天候神で、強風や大雨で黄帝軍を苦しめ、また濃霧の煙幕を張りめぐらせた。

黄帝は濃霧の煙幕に対抗するために、つねに南の方角を示す指南車（おそらく方位磁石）を作らせた。が、本格的に戦局を覆したのは黄帝の娘の魃である。魃は猛烈な熱気を発する女神で、それによって風伯、雨師の起こす暴風雨を消散させたのである。また、西王母という女神は、九天幻女を使者として黄帝に兵法書を授けた。これらの支援により、黄帝軍は蚩尤軍を殲滅する。蚩尤自身は殺されたとも、黄帝の軍門に下ったともいう。もっとも、この後も蚩尤の子孫の共工という者が反旗を翻したようである。なお、女神・魃は、その功績にもかかわらず、この後人々に嫌われる存在となる。彼女のいる場所では猛烈な熱気で長く雨が降らず、水が涸れてしまうからである。この害のことを、人は「旱魃《かんばつ》」と呼ぶ。

禹対相柳

地域：中国
時代：太古
出典：『十八史略』ほか
英雄：禹／聖人
敵：相柳／魔物
退治法：魔法

共工と相柳

蚩尤《しゆう》が黄帝に敗れ去った後、残党を結集して立ち上がったのは共工であった。共工は炎帝の子孫で人面蛇身の水神であった。共工には相柳という臣下がいた。主君同様に人面蛇身であったが、その頭は九つあり、全身は真っ青であった。相柳は途方もない巨身体の持ち主で、同時に九つの山に首を伸ばして食物を取ったという。

反乱軍と天神たちは不周山の周囲で決戦を行った。不周山とは読んで字のごとく、とても周回することのできない巨大な山で、大地から天を貫いてそびえ立っていた。不周山は天を支える世界の柱だったのである。

戦いは一進一退を繰り返し、いつ果てるともしれなかった。このままでは決着がつかないと悟った共工は、やにわに向きを変えて不周山に突進した。宇宙の覇権を賭けた戦いに勝てぬのなら、いっそ宇宙を破壊してしまおうとしたのである。

共工の渾身の体当たりによって不周山はめきめきと裂けて倒壊した。天を支える柱は失われ、天上に固定されていた星辰は揺らぎ、太陽は地に向かって下降し始めた。こうして共工は自らを犠牲にして昼と夜を造り出し、現在の世界を造ったのである。こうして勝者なき戦いは終わり、共工の手下たちはまたしても離散した。そして長い歳月が過ぎた。

◈治水の聖王・禹

時代は下り、地上の支配は堯や舜といった聖人に委ねられた。この頃、堯や舜に仕えたのが禹《う》であった。

この時代、大地はいまだ不安定で荒々しく、度重なる天災に苦しめられる人々が後を断たなかった。禹は人々が安心して暮らせるように洪水を治めようとした。

北は凍てつく極地から南は煮え立つ炎熱の地まで、禹はあらゆる土地を歩き回り、治水事業に奔走した。ひっきりなしに歩き続けたため、足の裏がすり減ってしまったといわれている。ときには神力を発揮して巨大な黒熊に身を変え、泥だらけになって山を削り、川をさらった。禹が率先して汗と泥にまみれて働く様を見ると、民衆は感激して作業に加わった。禹は十三年というもの、家に帰ることもなく、一心不乱に治水に取り組んだ。困難と労苦の末、ようやく治水工事が完成するかにみえた矢先に、思いも寄らぬ災いが降りかかった。太古の戦争によって離散した共工の手下、相柳が再び地下から姿を現したのである。

◈相柳の最期

大地を揺すって姿を現した相柳は、九つの長い首を伸ばすと、九つの山を同時に食い荒らした。しかも相柳の息がかかったり青い身体の触れた場所は、たちまちどろどろの沼地に変じてしまう。その沼の水は辛くて苦く、飲んだ者はたちまち命を落としてしまう猛毒であった。相柳が行くところはすべて死の湿地と化していった。

相柳の出現を聞いた禹は、十三年間かけて行った治水が無に帰してしまわないように、相柳を退治することにした。禹は相柳の前に姿を現し、この怪物に戦いを挑んだ。だが触れるものすべてを毒の沼に変える怪物である。振り下ろした刀や棍棒も腐食し、傷ひとつ負わせることはできない。

ついに禹は神々の力に訴えた。彼は気息を整えて慎重に近づいた。それはおそらく、後に道士たちが「禹歩」と呼ぶ方術の一種だったろう。禹は自らの体内に宿った神力を駆り立て、一気に相柳を討った。さしもの相柳も渾身の一撃を食らって死んだのである。

相柳の屍からは生臭い血があふれ出て真っ赤な洪水となった。その血の流れた場所は荒野となり、魔物が跳梁するところとなった。禹は荒廃した土地を埋め立てたがその度に陥没してしまったので、思いきって池を作った。そして掘り出した土砂で天帝を祭る台を各地に築き、土地の妖魔を鎮めることにしたのである。

こうして禹は世界の治水を完成させ、世界は以前のような大洪水に襲われることはなくなった。彼と相柳の戦いは、太古の神々の戦いに決着をつけるものであり、人間の時代の本格的な始まりとなった。禹は舜から帝王の位を譲られ、夏王朝の開祖になったといわれている。

羿対怪物たち

地域：中国
時代：太古
出典：『春秋』ほか
英雄：羿／神
敵：太陽ほか／神・怪物
退治法：武勇

太陽を射た男

太古の時代、中国を堯という天子が治めていた。堯は民衆と全く同じ暮らしを送りながら、我が子のように国民を慈しんでいた。民はこの聖王のもとで平和な暮らしを楽しんでいたが、あるときとんでもない災いに襲われた。

天帝の息子に十個の太陽がいた。太陽たちは父親の命により毎日ひとりずつ交替で空をめぐった。しかし腕白な彼らはそれでは我慢ができず、天帝の目を盗んで一緒に空に出たのだ。たちまち大地は白熱する十個の太陽に照らされ、旱魃《かんばつ》が相次いだ。堯も熱射に苦しめられたが、それ以上に民の嘆きが彼を苦しめた。彼は太陽を何とかしてくれるよう、天帝に祈りを捧げた。だがいたずらな子供たちは父親の叱責に聞き従おうとしない。困った天帝は、天上界でも第一の弓の名手、羿《げい》を地上に遣わして息子たちを驚かせ、反省させることにした。

地上に降りた羿は早速、弓をつがえた。彼が弓を放つと太陽のひとつが破裂し、三本足

の黄金鳥が落ちてきた。羿はまたたく間に太陽を九個まで射落とし、残った太陽も恐怖のあまり青ざめたので、以前のように輝くことはなくなった。

怪物を狩る者

こうして地上の民を救った羿は、引き続き地上の民を苦しめる怪物たちを倒していくことにした。

羿は鑿歯《さくし》という怪物を倒すため、南方にある寿華《じゅか》の沼沢地に行った。鑿歯とは文字通り、鑿《のみ》のような長い牙を一本生やした、獣頭人身の怪物であった。狂暴な鑿歯は矛を構えて羿を殺そうとしたが、矛も牙も相手に突き立てる前に、鑿歯は羿の矢により殺された。

次に羿は、北方の凶水《きょうすい》に赴いて九嬰《きゅうえい》

に挑んだ。九嬰は九つの頭を持つ怪物で、それぞれの頭からは水を噴出したり、火を放った。水と火を同時に操る九嬰に羿は翻弄されたが、最後には羿の弓が勝利を収め、九嬰は凶水の激流に飲まれて消えた。

さらに羿は、東方の青沢《せいたく》に襲来する大鳳を射た。この大鳳は巨大な孔雀で、その翼の巻き起こす烈風によって多くの人家が吹き飛ばされていた。太陽を射た羿にとって大鳳などたいした標的ではなかったが、何しろ敵は巨大で活発な怪鳥のこと、射られても飛び去ってしまうかもしれない。そこで羿は、青い紐を矢に結びつけて大鳳を射た。そして紐をたぐり寄せて大鳳を地上に引き降ろし、刀で切り裂いてしまった。

洞庭湖の巨蛇

そんな羿の怪物退治でもっとも困難だったのが洞庭湖《どうていこ》の巴蛇《はだ》退治である。

巴蛇は修蛇とも呼ばれる巨大な蟒《うわばみ》だった。巴蛇は途方もなく大きく、黒い胴体と青い頭を持っていた。巴蛇は巨大な象を一飲みにすると三年かけて消化してから骨を湖岸に吐き出す。人がその骨を食べると心痛や腹痛が治るともいわれていた。しかし巴蛇はしきりと湖面を波立たせては漁船を転覆させたり岸辺の村を押し流し、あわれな犠牲者を腹に納めていた。

羿は湖岸に小船を浮かべて巴蛇を探し回った。半日漕ぎ回っている間に巴蛇が姿を現した。巴蛇は頭をもたげると火のように赤い舌を突き出した。たちまち波が逆巻き、小船を翻弄する。羿は揺れる船上で弓を引き絞り、たちまち数本の矢を命中させた。しかし巨大な蟒は死力を振り絞って羿に迫る。ついに彼は腰の剣を振るって船を押し包もうとする巴蛇に切りつけた。羿が切りつける度に血潮があふれ出る。

人々が岸辺で声もなく死闘を見守るうち、広大な洞庭湖の水面は真っ赤に染まり、やがて波はやんだ。そして羿の小船は、歓声を上げる人々のもとへ戻ってきた。後に岸辺に打ち寄せられた骨を人々が拾うと、山がひとつできたといわれる。

このようにして羿は、人々を苦しめる怪物どもを次々と退治していった。けれども彼は天に戻ることはなかった。息子である太陽を九人まで殺してしまったことで天帝の怒りを買ったためだろう。羿は地上にとどまり、人々のために戦い、人としての生を終えたのである。

李冰親子 対 竜

地域：中国
時代：古代（紀元前三世紀頃）
出典：中国の伝説
英雄：李冰・李二郎親子／武人
敵：竜／水神
退治法：武勇

名郡守・李冰

中国の戦国時代、長江上流の四川地方にあった蜀が秦に占領された。紀元前四世紀のことである。その後、秦の昭襄王《しょうじょうおう》の時代、占領地の蜀を統治する郡守として李冰《りひょう》という人物が赴任してきた。

その頃、長江上流の水神である竜は、毎年若い娘ふたりを要求し、思い通りにならないと水害を起こしていた。人々は苦しめられていたが、金を出し合って祭りを行い、娘を供するほか方法がなかった。

これを知った李冰は人々に「今年は金を出さなくてよい。わしの娘を水神に捧げる」と言った。そして自分のふたりの娘を身づくろいさせ、祭りの準備を進めた。このときの娘のひとりは、李冰の次男・李二郎の女装であったともいう。

二頭の牛

祭りの席で彼は水神に酒を勧めた。しかし、神座に捧げられた酒は減らない。「江君大神が私の言葉を聞かないのなら、戦うしかない」と言い、李冰は剣を抜く。すると李冰の姿は消え、崖の上に鼠色の二頭の牛が現れた。牛は互いを倒そうと死闘を演じている。しばらくすると牛の姿が消え、汗だらけで息を切らせた李冰が戻ってきた。彼は部下に言った。

「ちょっと疲れたので戻ってきた。手を貸してくれ。南に向いて、白いベルトをしているのがわしだ」

つまり二頭の牛は李冰と水神だった。李冰は再び牛と化し、水神の化身である牛と戦った。李冰の部下たちは言われた通り目印のないほうの牛を刺した。別の伝説では、数百人の勇士が弓矢で射殺したともいう。こうして李冰は悪い水神を退治した。

李冰の息子二郎

水神の竜を退治したのは、李冰ではなく息子の李二郎だとする伝説もある。

父と共に蜀に来た二郎は、毎年のように起こる洪水の原因を調査に出かけた。ある日、彼は山林で虎に襲われる。二郎は弓でこれを仕留めた。そこに七人の猟師がやって来て虎はどこかと尋ねる。二郎は仕留めた虎を持ち上げて見せた。七人の猟師は驚き、事情を聞くと、彼の仲間となって一緒に洪水の原因を探ることを申し出た。洪水の原因が水神の竜であることを知った二郎は、水神の廟《たまや》で七人の仲間と共に水神を待ち伏せた。二郎は三叉の剣で竜に切りつけ、七人もそれぞれの武器で戦った。

竜が川に逃げれば二郎と仲間も飛び込み、竜が岸に上がれば彼らも上がり、長時間の激戦となったが、ついに竜も力尽きて捕えられた。二郎は鎖で竜を縛り、つなぎ止めた。

水神を退治した李冰親子は、人々を指導して大規模な堰堤と農業用水路を築いた。これによって蜀の人々から水害、干害の脅威が取り除かれた。というより、おそらくこの治水の功績のために竜退治の伝説が生まれたのだろう。

なお中国の有名な神、二郎神君のモデルとなった人物についてはいくつか説があるが、この李冰または李二郎とする説が有力である。

董奉 対 白鰐

地域：中国
時代：古代（四世紀）
出典：『神仙伝』
英雄：董奉／道士
敵：白鰐／魔物
退治法：呪術

奇妙な知事

『三国志』に名高い呉王朝の時代、福建省の侯官県《こうかんけん》に董奉《とうほう》という人物がいた。孫権が呉の王となった頃、董奉はさる貴族の勧めで侯官の知事になったが、心ここにあらずといった様子で仕事をしなかった。役人たちはこの無能な知事殿が何に熱中しているのか皆目見当がつかなかった。そのうち董奉は知事を辞めてしまい、人々の前から姿を消した。

それから五十年の後、董奉は再び侯官に現れた。前に董奉のもとで働いた役人は死ぬか、よぼよぼの老人となっていたのに、彼は若々しいままだった。役人たちの生き残りは、かつての知事が何に熱中していたのかやっとわかった。董奉は不老長寿の仙術を極めた道士となっていたのである。

最初の頃、董奉の方術は個人的な修業であって、人のために役立てようとは考えていなかったようである。だが交州（ベトナム）の長官が毒死したとき、居合わせた董奉が丸薬を飲ませて蘇生させた。それを機に彼の名は次第に広まり、病人の治療や雨請いを頼まれるようになった。

薫奉は山の中に住んでいた。薫奉は木の実と酒を少々取るだけで贅沢をしなかったが、金持ちや役人から頼み事をされると、大きな館を建ててもらっている。その癖、長く住み着いたわけではなく、単に自分の価値を示したかっただけのようである。

薫奉は貧しい人からは代金を受け取ろうとしなかった。どうしてもお礼がしたいという人には、家の回りに杏の木を一本植えてもらった。そのうち薫奉の家の周囲は、鬱蒼たる杏の林となった。そこで杏の実がほしい人にはわずかな穀物と交換してやり、貯まった穀物は貧民に施した。ときおり、穀物をごまかしたり杏を盗もうとする不心得者がいた。ところがその度に虎が出てきて噛み殺してしまう。家族は死体を担いで薫奉の家へ謝りにいき、生き返らせてもらった。

◈白い鰐

あるとき、町一番の美女といわれる娘が原因不明の病にかかった。娘は高熱を発し、日々痩せ衰えていくばかりで投薬も祈禱も効果を示さなかった。両親はすっかり困り果てたあげく、薫奉の助けを請うた。

薫奉は町に出かけて娘を見舞った。すると娘の寝ついている床のあたりから妖気が漂っ

てくるのが感じられた。娘の病気は明らかに魔物の仕業である。薫奉はしばし彼女を眺めた後、一枚の護符を振りかざした。

するとⅢのほうから、何かが這う物音が聞こえてくる。薫奉は娘の従者と共に剣を抜いて身構えた。やがて壁を抜けて、魔物がすうっと姿を現した。それは長さ十メートルはあろうかという、巨大な白い鰐であった。巨大な白い鰐は娘の身体の上にのしかかり、その身体を食おうとした。

薫奉は従者と共に光輝く剣を抜き放ち、気合いもろとも巨大な鰐の胴体に剣を突き立てた。白い鰐は断末魔の絶叫を上げてのたうち回った。しかしその姿は次第に薄くなり、やがて煙のようにしゅるしゅると消えてしまった。

魔物が払われると間もなく、娘の容態は快方に向かい、数日のうちには嘘のように全快してしまった。すっかり感謝した両親は、娘を嫁にもらってほしいと申し出てきた。董奉もそれを喜んで受け、婚礼の祝宴が開かれた。

◈董奉の登仙

董奉は結婚後も落ち着かず、あちこちの人を助けるために飛び回っていた。その間、妻はやはり杏を売って生活していた。子供がいつまでもできないので、留守の妻を気遣って養女をもらい受けた。養女が大きくなった頃、妻の心配もなくなったと考えた彼は雲を呼び出し、天に昇って消えた。仙人になって俗世を去ったのである。このとき、董奉は齢三百歳を超えていたが、三十代の若々しさであったという。

残された妻子は相変わらず杏を売って生活したが、それを狙う者はやはり虎が出て追い払ったという。

ケサル大王対魔王ルツェン

地域：チベット
時代：古代（十世紀以前）
出典：『ケサル大王伝』北京モンゴル文七章本
英雄：ケサル大王／神の転生
敵：魔王ルツェン／悪魔
退治法：知略＆助言

梵天王の息子と魔王

天界を統べる白い梵天王には三人の息子がいた。なかでも末息子のトンギュ・ガルポは、その力も知恵も秀でていて、天界の父母から愛されていた。

あるとき、梵天王は地上の悪魔から人間たちを守るため、息子たちのひとりを天神として派遣しようと考えた。トンギュ・ガルポは兄弟との技比べに難なく勝ち、地上に下った。トンギュ・ガルポはチベットにあったリン国の王妃の子に転生した。彼は天界の父母や兄弟の助力を得て、苦難の末にライバルの王族たちを下し、リン国の王に即位した。こうして彼は国民から「世界に冠たる獅子王ケサル」と呼ばれた。

この頃、リン国の北方に荒涼たる魔国ヤルカンがあった。このヤルカンを支配するのが魔王ルツェンだった。ルツェンと配下の魔物たちは遙かな昔、男女の悪魔から生まれた鉄の卵からかえった五匹の魔物の子孫だった。

ルツェンは山のような巨体を持つ、不死身の魔物だった。憤怒の形相がすさまじい九つの頭を持ち、そこからは銅でできた十八本の角が生えていた。身体の各部には黒い毒さそりが巣食い、腰には九匹の毒蛇が巻きついている。手足には鉄の鈎爪《かぎづめ》を備えた九本の指が生えていた。それに加えてルツェンは、途方もなく大きな鉄の矢と鉄の弾を武器として持っていた。

◈王妃の略奪

ケサル大王は魔王ルツェンを討とうと決意した。このとき、天界の父母たちは修法者として第二夫人メイサを伴うようケサルに勧めた。ケサルはメイサを愛していた。ところが魔王ルツェンは、リン国を追われたケサルの伯父の頼みに応じ、メイサを黒雲に乗じて奪い去った。

メイサの略奪を知ったケサルは、悪魔を倒し妃を奪回するために出発した。彼は天界から賜った武具に身を固めた。丹砂の剣、水晶の刀、赤い神鳥の羽をつけた七本の矢と強弓を携え、黄金の鞍当てをつけた愛馬「赤い兎」にまたがった。

北へと向かったケサルは、まず鉄の城にたどり着く。この城の支配者アタラモは、魔王の妹だが、また類稀《たぐいまれ》なる美女だった。組み打ちの末にアタラモを降伏させたケサルは、彼女からの助言を得て前進する。ケサルの行く手には魔犬ククルツェ、三頭の悪魔ツチュといった魔物たちが待ち構えていた。アタラモに与えられた指輪のおかげで魔物たちを退け

たケサルは、さらに魔国の宰相、五頭の悪魔チンエンを降伏させ、手下とした。

退魔の灰

ルツェンの城にたどり着いたケサルは、愛するメイサ妃と再会する。賢いメイサはケサルに魔国の食事を与えて力をつけさせると、言葉巧みにルツェンに言い寄った。メイサの甘言にだまされたルツェンは、うっかりと自分の弱点を話してしまう。不死身の怪物ルツェンの弱点とは、命の泉、命の樹、命の牛だった。魔王の倉の中にある宝物を使わなければ、これら魔王の命の源を破壊することはできない。さらに三つの命の根を絶やしても、魔王の額にある水晶の魚を破壊しなければ、魔王は死なないのだ。

これを知ったケサルは早速、魔王の倉に忍び込むと宝物を奪い出した。まず頭蓋骨の杯で命の泉に毒を流し込む。次に金の斧で三度切りつけて命の樹を倒してしまう。そして金の矢で命の牛を射倒した。その度にルツェンは怒り狂ってケサルを捜すが、メイサの機転によりケサルは見つからなかった。

三つの命の源を失ったルツェンは衰弱し、ベッドに伏すようになった。ケサルはいよいよ魔王を倒すべく、メイサの導きでルツェンの寝室に入り込んだ。ケサルは呪文を唱えて矢を放った。矢は見事にルツェンの額に当たった。悲鳴を上げて身を起こしかけたルツェンだが、ケサルの水晶の刀で首をはねられ、続いてメイサが退魔の灰をまくと、さしもの魔王も息絶えた。

魔王を倒したケサルは、残る悪魔をすべて打ち滅ぼして人々を解放した。改悛した悪魔チンエンを宰相に命じて善政を敷き、メイサと魔王の妹アタラモのふたりの妃にかしずかれ、平和で楽しい暮らしを送った。

その後、母国リンが外敵ホル族に占領されたことを知った彼は、さらに苦難の旅を続け、多くの魔物を打ち破って祖国を解放することになる。

第六章

その他の地域

ナイエネズガニ対アナイェたち

地域：北アメリカ
時代：古代
出典：ナヴァホ族の神話
英雄：ナイェネズガニとトバジスツィニ／戦士
敵：アナイェたち／怪物
退治法：武勇＆アイテム

太陽神の兄弟

遠い昔、大地にふたりの兄弟がいた。「異端の神々の殺害者」ナイェネズガニと「水の子供」トバジスツィニである。太陽神ツォハノアイの息子であるふたりは、勇気と知恵に長じ、人々を助けて様々な活躍をした。

あるとき、人々はアナイェという怪物たちに苦しめられていた。アナイェはそれぞれに姿形が異なるが、人間を食らう悪霊どもだった。ふたりはアナイェたちを退治しようと誓った。しかしさしもの兄弟たちも、正面からではアナイェにはかなわない。そこでふたりは父なるツォハノアイの力を借りることにした。

ツォハノアイの家を目指して兄弟が歩いていくと、地面から煙が立ち昇るのに出合った。近づくとそれは地下室の煙突から出ていることがわかった。梯子で地下に降りたふたりは「親切な蜘蛛女」ナステ・エツァンに出会った。彼女はふたりを歓迎し、行く手に待つ危険について教えてくれた後、魔法の羽根をふたつくれた。ひとつは敵を倒すためのもの、もうひとつは生命を守るための羽根だった。

様々な苦難を乗り越えたふたりが太陽神ツォハノアイの家に到着すると、虫の居所が悪かった太陽神はふたりを捕えた。ふたりはサウナでいぶされたり、毒入りのパイプを飲まされたりとさんざんな目に遭った。しかしふたりは親切な人々の助言と羽根の力によって試練を乗り越えた。最後に太陽神はふたりが自分の子供であることを認め、機嫌を直してくれた。

兄弟は父なる太陽神に、アナイェ退治のための助力を請うた。太陽神は言った。「アナイェどもは鱗を持つイェイツォという怪物を頭にしている。イェイツォもまた、出来は悪いがわしの息子なのだ」と。

しかし、太陽神は「平らな光を放射する矢」「虹の矢」など、様々な魔法の武器を兄弟に授けてくれた。

◈光の矢を駆って

ナイェネズガニとトバジスツィニは、空の穴ヤガホガを通り抜け、光輝く急な絶壁を下って地上に帰還した。魔法の羽根と太陽神の矢を携えた彼らは、敵を求めて平原を捜し歩き、ついに湖の側で目指す相手、鱗を持つ巨魔イェイツォと出会った。彼らは光の矢を取り出し、次々と浴びせてイェイツォを首尾良く倒し、その皮をはいだ。

次にナイェネズガニはひとりでアナイェ退治に出かけた。それはティールゲットという名前で、鹿の角を持ち、死をもたらす恐ろしい獣だった。
ナイェネズガニはティールゲットの住処に近づくと、砂鼠の掘った穴を見つけ出し、そこから住処に侵入した。ティールゲットは住処で巨体を横たえて休息していた。ナイェネズガニは敵の心臓の前にたどり着くと、父から与えられた「鎖の電光放つ矢」を取り出し、その心臓を貫き通した。鋭い痛みに刺し貫かれたティールゲットは腹を立て、ナイェネズガニに角を振り

立てて荒れ狂った。しかし、かえって自分の腹を角で裂いてしまい、地面に横たわると息絶えた。

最後に兄弟は翼を持つツェナハーレの退治に出かけた。ツェナハーレは巨大な怪鳥だった。ツェナハーレは激しく羽ばたき、蹴爪を振り立てて兄弟を襲った。敵の動きは機敏で、ナイエネズガニはツェナハーレの蹴爪に押さえつけられ、殺される寸前まで追いつめられた。しかし今度はひとりでなくトバジスツィニがいたので、ナイェネズガニはピンチを切り抜けることができた。彼は疲労したツェナハーレの隙に乗じて太陽神の矢を取り出し、気合いもろとも投げつけた。

光の矢を受けてさしものツェナハーレも倒された。兄弟はツェナハーレが復活しないようにその羽根を引き抜くと平原にまき散らした。羽根は風に乗って散らばると、ミソサザイやその他の小さな鳥に変身した。ツェナハーレの本体は姿を変えて甦ったが、すでにもとの大きさと力を失い、ただの鷲となった。

こうしてアナイェたちは兄弟によって滅ぼされた。この後もナイェネズガニは邪視の持ち主ビナィエ・アハニや岩の悪霊ツェナガヒなど数々の魔物を倒し、人々を助けたという。

双子神対ブクブ・カキシュ

地域：中央アメリカ
時代：古代
出典：マヤ族の神話
英雄：フン・アプとイシュバランケ／英雄神
敵：ブクブ・カキシュと息子たち／怪物
退治法：知略＆呪術

怪物ブクブ・カキシュ

遠い昔、大洪水が起こり、大地から水が引く前に、ブクブ・カキシュという怪物がいた。ブクブ・カキシュは全身が黄金と白金に輝き、その歯はすべてエメラルドでできていた。ブクブ・カキシュにはシバクナとカブラカンという息子がいた。この三頭の怪物は常に神々を罵倒し、叩き潰してやるとうそぶいては地を揺るがしていた。

神々は彼らの傲慢に怒り、フン・アプとイシュバランケという双子の神を地上に遣わした。ふたりは地母神イシュカネの孫息子で、かつては父親の太陽神フンフン・アプを取り戻すため、冥府に攻め込んだこともあった。神々は兄弟の知恵と勇気で、傲慢なブクブ・カキシュたちを退治するよう期待をかけたのだった。

地上に降り立ったふたりは、ブクブ・カキシュのお気に入りの木の枝に座り、黄色の実をすべてちぎってしまった。それに気づいたブクブ・カキシュは怒って木の上に登ろうとしたが、フン・アプ神の吹矢で片眼を潰され地上に落ちてしまう。フン・アプは転げ落ちたブクブ・カキシュに飛びついたが、怪物は逆にフン・アプの片腕をもぎ取ってしまった。家に逃げ帰ったブクブ・カキシュは、妻に命じて奪った片腕を燃え盛る火の上に吊るさせた。

フン・アプはもぎ取られた腕が焼けつくように痛んだ。そこでふたりはシュピヤコシュとシュムカネという魔術師に治療を頼んだ。魔術師たちは腕を取り戻すよう勧め、医者に変装すると、兄弟神を彼らの息子に仕立てた。

こうして一行は何くわぬ顔でブクブ・カキシュの家に行った。魔術師たちは吹矢の毒に苦しんでいるブクブ・カキシュを診察して言った。

「全身に毒が回っている。歯も眼も抜き取らなくては」

そう言って彼らは、エメラルドの歯をすべて引っこ抜き、目玉を抜いてトウモロコシを詰めたので、さしものブクブ・カキシュも死んでしまった。魔術師たちはフン・アプの腕を魔法で見事にくっつけてくれた。

シバクナと四百人の若者

ブクブ・カキシュが死んでも、シバクナとカブラカンが残っていた。シバクナは毎日、山の上に山を積み上げ、カブラカンはそれを揺り動かしていた。

兄弟神は四百人の若者をそそのかし、シバクナを退治させることにした。四百人の若者

は、一本の大きな木を切り倒し、家を建てている者たちを装った。通りがかったシバクナは、木が運べないで困っている若者たちを嘲笑い、木を担いでみせた。若者たちはシバクナをおだてて、家の土台にする穴まで材木を運び込ませた。そしてシバクナが穴に降りると石を次々と投げ下ろし、生き埋めにしてしまった。

ところがシバクナは穴の窪みに身を隠して無事だった。シバクナは自分の毛を一本、蟻に運ばせた。蟻が毛を運んできたのを見て、若者たちはシバクナが完全に死んでしまったと思い、埋めた穴の上に家を建てた。

しかし、若者たちが宴会をして騒いでいる最中、シバクナが穴の中から突如として立ち上がった。家も土台石も空高くはね上げられた。四百人の若者は、天空に放り投げられて星になってしまった。

◈兄弟神の策略

若者たちが星になってしまったので、兄弟神は大きな蟹を一匹こしらえて谷底の洞窟に置いた。魚や蟹に目のないシバクナは、正体を隠したふたりにそそのかされて谷底に飛び降りた。そこで双子神は大きな山をシバクナの上に転がし、生き埋めにしてしまった。シバクナはもがきながら這い出そうとしたが、双子神は魔法をかけて大きな岩にしてしまった。

双子の神は残る巨魔カブラカンのところに行った。カブラカンは大きな山を、ふたつも三つもお手玉のように大空に投げ上げていた。ふたりは狩人を装ってカブラカンに近づくと、彼を見物することにした。

フン・アプとイシュパランケは、自慢の吹矢で鳥を射落としてみせた。カブラカンはそれを拾って食べようとしたが、フン・アプは二本の棒をこすり合わせて火をおこし、鳥を吊るした。生で食べることしか知らなかったカブラカンは、旨そうな匂いによだれを垂らした。フン・アプが勧めると、カブラカンはあぶられた鳥をむしゃむしゃと食べてしまった。鳥の肉に入っていた吹矢の毒が全身に回り、ついにカブラカンは、のたうち回って息絶えた。

こうしてブクブ・カキシュとふたりの息子は、双子の神によって見事に退治されたのだった。

双子神の冥府下り

フンフン・アプ神が冥府に連れ去られたのは、仲間の神とのトラチトルというボール遊びが原因だった。このバスケットボールに似た競技に夢中になるあまり、フンフン・アプは地獄の入り口に近づいてしまい、まんまと冥界の神にだまされて弟のブクブ・フナプもろとも殺されてしまったのだ。

後にこのことを知ったフン・アプとイシュパランケは、冥界からの申し込みに応じてトラチトル競技に出かける。兄弟は父親の陥った罠を難なく切り抜けただけでなく、トラチトルで圧勝してみせた。怒った冥界の神は彼らを焼き殺したが、双子神は難なく復活する。あきれた冥界の神に、自分も試してみないかと兄弟は持ちかけ、まんまと焼き殺してしまった。双子神は父親と叔父を天上に運び、太陽と月にした。

この双子神の冥府征服は、後のブクブ・カキシュ退治同様、彼らの悪ふざけが好きな性格を示している。

クワテー対湖の怪物

地域：北アメリカ
時代：古代
出典：クエーツ族の伝説
英雄：クワテー／魔法使い
敵：湖の怪物／悪霊
退治法：知略

世界を変える男

遠い昔、クワテーと呼ばれる男が広大な大地のただ中にいた。

クワテーとは「変化する者」を意味するが、それは実際には正しくない。彼はむしろ変化させる者、すべてを変えて新しい世界を生み出す魔法使いだったのだ。

クワテーは物事を変えるためにあちこちを旅した。彼は初めの時代の人々を造り、たくさんの動物たちを造った。クワテーは、後からやって来る新しい人々のための世界を準備していたのである。

その頃、世界に住んでいたのは「巨大な動物人」たちだった。彼らはクワテーの行為を喜ばず、行く先々で邪魔しようとしていた。

あるとき、クワテーが歩いていると、ムラサキガイの貝殻でナイフを作っている男に出会った。男は「世界を変えようとしている男を殺すためにナイフを作っているのだ」と言った。クワテーはナイフの出来を誉めると、男を鹿に変えてしまった。同じようにして、石の棍棒を作っている男はビーバーになり、木の枝で錐を作っている男はカワウソになった。

クワテーは歩き続けて、ついに「巨大な動物人」のいないところにたどり着いた。そこは西の海に面した豊かな土地だった。彼は川で身体を洗い、こすり出した垢をこねて人間を造ったり、犬をつかまえてきて人間に変えた。

こうして、新しい人間たちが生まれたのだという。

湖の怪物

年老いたクワテーは、弟と共にカヌーを仕立てると川を下った。彼らはカヌーを漕ぎながらクィナールト湖にやって来た。クィナールト湖には巨大な怪物が住んでいた。岸辺でクワテーがカヌーから降りたとき、怪物が水面から頭を突き出し、カヌーを弟もろとも飲み込んでしまった。

クワテーは弟を救うため、ただちに行動を始めた。彼は歩き回ってたくさんの岩を拾い、それを湖の周囲に集めた。次に火をおこして岩を温めた。岩は次第に熱され、やがて真っ赤になった。そこでクワテーは火箸を取り出すと、クィナールト湖に次々と投げ込んだ。次から次へと熱せられた岩が放り込まれ、水面は立ち昇る蒸気に包まれた。やがて熱せられた湖全体が、泡を立ててぐらぐらと沸き立ち始めた。

クワテーは湯気のもやの向こうに、怪物の巨大な影が黒々と浮かび上がるのを見た。全身に火傷を負った怪物はしきりと身をよじらせていたが、やがて動かなくなった。
クワテーは岸辺を歩いて貝殻を拾った。そこで貝殻を磨いて鋭いナイフを作ると、怪物の死体に近づいた。彼は歌を歌って自分と弟を励ましながら、怪物の腹を切り裂いていった。クワテーは怪物の胃までも切り開いたが、弟は見つからなかった。時すでに遅く、弟は怪物の腹の中で消化され、もそもそとうごめく小さなやどかりに変わってしまっていたのだ。これが、世界のすべてのやどかりたちの父親である。
弟を助けられなかったクワテーは腹を

立て、火箸を海に投げ込み、岩に変えてしまった。

◈最後の変身

クワテーはさらに旅を続けた。あるとき、彼は身体がひどく疲れていることに気づいた。彼は生まれてくる人々を助けるために多くの物を変えてきたが、今や変えるべきものすべてを変えてしまったことを知った。

クワテーは大海原を見渡せる岩の上によじ上り、沈みゆく夕日を眺めた。太陽がゆっくりと西の海に沈み、美しい金色の輝きが暗い紫色の夕闇に変じた頃、クワテーは携えてきた毛布で身体をくるみ、最後の力で自分自身を岩に変えてしまった。

タホラの村の南、太平洋に突き出たグレンビル岬の上に、クワテーは今も座って海を見ている。

ヒアワサ対魔物たち

地域：北アメリカ
時代：中世
出典：キャドー族の神話
英雄：ヒアワサ／戦士
敵：ミシュナーマとメギソグオン／怪魚と魔法使い
退治法：武勇

西風の子ヒアワサ

平原の英雄ヒアワサは風と空の子だった。父親はムジェキーウェス、部族を悩ます大熊を打ち倒し、西風の支配者となった男である。母親のウェノナーは月界の娘ノコミスから生まれた乙女であった。

シュペリオル湖のほとりにあるウェノナーの家で生まれたヒアワサは、立派な若者に育った。成長した彼は父の住む西風の国を訪れ、ムジェキーウェスに力比べを挑んだ。そして実力を認められた彼は、その力で人々の苦しみの種を取り除くように言われた。

ヒアワサは魔法の武器を持っていた。彼の鹿革靴はひとまたぎで半里を飛び越えることができた。彼の手袋は硬い岩を打ち砕くことができた。そのほかにも彼は、火打石や碧玉でこしらえた立派な矢をいくつも携えていた。心の広い彼はいつもみんなの暮らしを考えていたのだ。人々を飢えから救うため、生命の主マニトーに祈りを捧げて最初のトウモロコシを授かったのは、彼の最初の手柄だった。

◆魚族の王ミシュナーマ

あるときヒアワサは丸木船をシュペリオル湖に浮かべた。この湖には魚族の王ミシュナーマが住んでいた。ミシュナーマは鎧のように硬く、体紋をきらめかせた巨大な鮫で、人々を苦しめていた。

ヒアワサが釣糸を垂れるとミシュナーマは手下のカマス、マスケノーザに船を襲わせた。丸木船はほとんど逆立ちになりかけたが、ヒアワサは水面に顔を現したマスケノーザを怒鳴りつけ、水底に追い返した。次に現れたのは巨大なマンボウ、ウグドワッシュだった。丸木船は水車のように湖面を引き回されたが、結果は同じだった。

三度目にいよいよミシュナーマが姿を現した。ミシュナーマは巨大な顎を開き、小癪な丸木船を一飲みにしてしまった。ヒアワサは驚いたが気を取り直し、じめじめして真っ暗なミシュナーマの腹の中を手探りで歩き回った。そしてミシュナーマの心臓を見つけた彼は、魔法の手袋で力一杯なぐりつけた。魚族の王は湖中をのたうち回った。ヒアワサはのたうつ怪魚の腹の中で振り回されたが、丸木船をつっかえ棒にして身体を支えた。

しばらくすると暗闇の中で、どしんという震動と小石のこすれる音がした。ヒアワサは戦いが終わったことを知った。やがて騒がしい鳥の鳴き声が聞こえたかと思うと、ぽっかりと光が差し込んだ。湖畔に打ち上げられたミシュナーマの屍を突いていたカモメたちが、怪魚の腹を破ったのだ。ヒアワサはカモメたちに礼を言うと家に戻ってぐっすりと寝

た。数千のカモメがミシュナーマに舌つづみを打ち、何千という壺が魚油で満たされ、やがて湖畔には巨大な骨が横たわった。

メギソグオンへの復讐

しばらくしてヒアワサは、シュペリオル湖一帯に熱病をはやらせている魔法使いメギソグオンを退治することにした。またこの魔法使いは、ヒアワサの祖母ノコミスの父親の仇でもあった。

丸木船で湖に乗り出したヒアワサは、合唱する鷲たちをお伴に戦いの歌を朗々と歌いながら魔法使いの館に向かう。行く手にはメギソグオンの放った蛇どもが炎と毒気を放って待ち構えていたが、得意の弓で一匹残らず射殺し、湖は真っ赤になった。

ヒアワサが葦の原を越えて館にたどり着くと、メギソグオンは準備を整えて待ち構えていた。メギソグオンは丈高く、色黒かった。頭から足首まで貝殻玉をじゃらじゃらとぶら下げ、大きな鷲の羽根飾りをかぶっていた。

ふたりは明け方から日暮れまで、激しく戦った。しかし魔法使いの貝殻玉には魔力がこもっていて、かすり傷ひとつつけられなかった。日が落ちる頃、無数の手傷を負ったヒアワサは松の木の下に倒れた。棍棒は折れ、手袋は裂け、矢は三本しか残っていない。と、そのとき、梢にいたキツツキがヒアワサに魔法使いの弱点をささやいた。

ヒアワサはとどめを刺そうとする魔法使いに矢を放った。矢がキツツキの教えてくれた弱点、黒髪の根元に刺さると魔法使いはよろめいた。続いて放たれた二本の矢が額を貫き、メギソグオンは絶命した。ヒアワサはキツツキの羽を魔法使いの血潮で美しく染めてやった。そして貝殻玉の鎧をはぐと屍を水と陸の境目に放り出した。人々は魔法使いの滅亡を喜び、盛大な宴会を開いた。

こうしてヒアワサは人々に害をなす魔物や巨人、魔法使いを何人も倒し、年老いると子供たちに未来を委ねて平原の彼方に去ったという。

ケツァルコアトル対トラルテクトリ

地域：メキシコ
時代：太古
出典：アステカ族の神話
英雄：ケツァルコアトル／神
敵：トラルテクトリ／神
退治法：武勇

白い蛇の神

アステカの民が崇めた「羽毛の生えた蛇」ケツァルコアトルは、風雨を操る雷神でもあったが、人間にトウモロコシを与えた恵みの神でもあった。このケツァルコアトルにはライバルがいた。豹の皮をかぶって投げ槍と鏡の盾を持つ「煙吐く鏡」テスカトリポカである。テスカトリポカは黒魔術の支配者で、破壊的な嵐の神でもあった。

二柱の神々はことあるごとに反目し、主導権をめぐって争い続けた。ケツァルコアトルがテスカトリポカを矛で原初の海に突き落としたこともあれば、逆にケツァルコアトルが地上へ蹴り落とされたこともある。そして恐ろしいことに、彼らの争いの度に太陽は吹き飛ばされ、世界は破壊されるのだ。

こうした太陽の創造と破壊は四度繰り返され、現在が五回目の世界なのだという。

激しく争う二神だが、ときにはふたりで力を合わせて世界を創造することもあった。次に伝えるのは、そうした世界創造の伝承のひとつである。

海の巨鰐

五度目の世界が生まれたばかりのことである。ケツァルコアトルとテスカトリポカが空を舞っていると、原初の海に巨大な真っ黒い鰐が浮かび上がった。その背中には巨大なとげの山が並び、巨大な口には牙がいっぱい並んでいる。よく見ると、肱や膝をはじめ身体のいたるところに口があり、それぞれが牙をむき、歯ぎしりしていた。

驚くべきことに、この怪物は大地の女神トラルテクトリであった。彼女は腹を空かせていた。造られたばかりの五番目の世界で、食らい尽くす餌を求めてうろついていたのである。

ケツァルコアトルとテスカトリポカは目を見張った。こんな怪物に泳がれていては、せっかく造ろうとしている世界が片端から食い尽くされてしまう。ふたりのライバル神は争いを棚上げにして、この牝鰐を殺すことにした。

神々は大蛇に変身すると海に潜り、左右からトラルテクトリの身体に絡みついた。トラルテクトリは吠えながら海の中で激しくもがく。いつ果てるともない戦いが続いた。何しろ時間という概念さえ生まれる前の出来事なので、どれだけ続いたかは不明だ。だが、ついにトラルテクトリは二柱の世界神に屈した。めきめきと左右に裂けた胴体は、勢いあまって上下に投げ出された。片方が天となり、片方が大地となった。

大地の女神を殺したことは、他の神々の怒りをかった。裂かれた女神の亡骸を宥めよう

と、神々は植物を大地に植えた。そこには住まう者が必要だったが、あいにく人間たちはふたりの神がこの前の世界を壊したときに死に絶えていた。ケツァルコアトルは冥界まで人間の骨を取りにやらされ、その骨から新たな人間が生み出された。

だがまだ太陽がない。新たな太陽を生み出すため、神々が犠牲となった。ひとりの神が自ら火あぶりとなって太陽となり、ケツァルコアトルが神々の心臓をくり抜いて、太陽を動かす力とした。

こうして現在の世界は誕生した。しかし世界はまだ不安定なものと考えられていた。世界が秩序立って動き続けるには、トラルテクトリに血を捧げて大地を芽吹かせ、太陽には心臓を捧げねばならない。アステカの人々は、こうしておびただしい生け贄を捧げ続けたのである。

世界創造の生け贄

新たに誕生した世界を支配したのはケツァルコアトルだった。彼は地上に君臨し、人々に文明を授け、大いに崇められた。

面白くないのはテスカトリポカである。彼は権力を奪おうとしたが、さすがに今度は世界を滅ぼすようなへまはしなかった。その代わりケツァルコアトルに酒を勧めたのである。ケツァルコアトルは美酒に酔い、次第に酒に溺れていった。彼が酔いから醒めると、人々は酔っ払いの神に愛想を尽かしかけていた。一杯食わされたと気づいたがもう遅かった。ケツァルコアトルは自分で造った都を焼き払い、蛇の筏に乗って東の海へ立ち去ってしまった。

一説にケツァルコアトルはトルテカ族の神で、テスカトリポカは彼らを征服したアステカ族の神であるという。またケツァルコアトルは実在した首長であるともいわれ、アメリカ先住民の複雑な抗争の歴史からくるものではないかといわれている。

ムウィンド対キリム

地域：アフリカ
時代：古代
出典：ニャンガ族の伝承
英雄：ムウィンド／王
敵：キリム／竜
退治法：魔法

生まれてすぐに歩いた者

コンゴのニャンガ族の王は六人の妻を持っていた。妻のひとりはとても長い間子供をはらんでいたが、あるとき急に産気づくと手の中指の間から子供を生み落とした。ムウィンドと名づけられたこの子供は、生まれてすぐに歩き、笑い、喋った。

ムウィンドは右手にチョンガ（王笏）、左手に山刀を持ち、肩に精霊カホンボの小袋をかけて生まれてきた。カモシカ皮のチョンガは魔力が込められたムウィンドの分身といえるものだった。また小袋の中には魔法の綱が入っていた。

王はこの息子の誕生を喜ばず、殺そうとして槍を投げた。ところがムウィンドが一声叫ぶと槍は地面に落ちてしまった。息子を殺せず困った王は、家来に言いつけて赤子を村外れの川に捨てさせた。ところがムウィンドはひとりで川を渡って伯母のもとに身を寄せた。そして様々な冒険を繰り返して成長し、ついに父から位を譲り受けて王となった。人々は彼を「カプトゥワ・ケンダ（生まれついてすぐに歩いた幼な子）」と呼び、恐れ敬った。

ジャングルの竜

ムウィンドは謙虚で無口なニャンガ族には珍しく、お喋りで大口を叩いた。そして実際、優れた武勇と魔法の使い手だった。彼は美しい歌を口ずさむ詩人でもあったが、その歌には敵を威圧する力が秘められていた。

王になって間もない頃、野豚が食べたくなったムウィンドはピグミーの狩人を森に入らせた。小さな狩人たちは野豚を求めて森や野原をうろつき、首尾良く獲物を仕留めた。だが狩りに夢中になっていた彼らは、自分たちが獲物になっていることに気づかなかった。彼らの背後から竜（キリム）が忍び寄っていたのだ。

キリムは黒い皮膚を持ち、犬のような牙と鋭い角を備えた七つの頭、大きく膨れた腹、鷲のような尾羽根を持つ怪物だった。キリムは密林に潜んで人間を狙っていたが、ときには人間の子供をさらってきて育て、丸々と太らせてから食べてしまうという狡猾さも持ち合わせていたという。

キリムはたちまち三人のピグミーを飲み込んでしまった。キリムは逃げ出したピグミーを追わず、野豚の肉を放っておいた。狩人の仲間をおびき寄せようという魂胆だったのだ。

翌朝、逃げ帰ったピグミーから報告を受けたムウィンドはチョンガを手に出発した。彼には竜の企みなどお見通しだったのである。

竜との呪戦

ムウィンドが野豚の肉の置かれたあたりまで来ると、待伏せていた竜と睨み合いになった。

ムウィンドは竜の口の前に立つと歌を口ずさんだ。

「キリムよ、お前は勝てない。ムウィンドは生まれ落ちてすぐに歩いた幼な子なのだから。

キリムよ、お前はおしまいだ。ムウィンドは生まれ落ちてすぐに歩いた幼な子なのだから」

ムウィンドを飲み込もうとした竜は、獲物が少しも怯えないことにたじろぎ、その力強くも美しい歌の調べに怯んだ。その隙にムウィンドは竜の口に近づくとチョンガを振り上げ、竜を叩きのめした。竜はもがき苦しみ、地面をのたうち回って死んだ。戦う前から歌の力で勝負はついていたのだ。

ムウィンドの帰りを村人が待っていると、チョンガが空を飛んできた。そして王が竜を倒したことを伝え、竜の死体を村まで運ぶことを命じた。駆けつけた人々は、指示通りキリムの死体を担架で担いで村に運び込んだ。竜の腹を裂くと、飲まれていたピグミーが三人とも生きたまま出てきた。ムウィンドは竜の肉を骨まで残さず食い尽くすよう村人に命じ、従わない者は殺した。竜の目玉を焼くと、飛び散った熱い汁がはじける度に人間がひとり飛び出してきた。こうして一千人もの人間が出現し、ムウィンドに仕える民となった。

だが天空の精霊ムクバはキリムと血の契りを結んでいたので、これを見て悲しんだ。ムクバはムウィンドを天空に拉致して試練を課すことにした。大胆不敵なムウィンドはこの挑戦を受けて立ち、天空を旅してさらなる冒険を重ねることになる。

ハカワウ 対 魔法の頭

地域：ニュージーランド
時代：古代
出典：マオリ族の伝説
英雄：ハカワウ／魔法使い
敵：魔法の頭／悪霊
退治法：魔法

死を呼ぶ魔法の頭

ニュージーランドに住むマオリ族の間には、トフンガと呼ばれる魔法使いたちがいた。トフンガはファレ・ワナンガという学校で修業し、様々なカラキア（呪文）を操った。カラキアは神や精霊の協力を得るもので農耕や狩猟、政治や戦争には欠かせないものであった。

トフンガの中でも敵を殺す術を修得したものはトフンガ・ワイワイア（黒魔術使い）と呼ばれ、恐れられていた。

黒魔術は人々を危険な敵から守るため必要といえなくもなかったが、トフンガ・ワイワイアの中には明らかに邪悪な者たちがいた。

プケ・タプ（聖なる山）という名前の丘に、いつの頃からか木柵で囲った砦が築かれていた。この砦はプアラタとタウトヒトというふたりの老魔法使いがこしらえたもので、精霊の宿るばかでかい木彫りの頭に守られていた。砦に近づく者は誰であろうと、この木彫りの魔法の頭が一叫びするや否や、命を断たれて死んでしまうのだ。

プアラタとタウトヒトがこの魔法の頭を使って何を企んでいたのかはわからない。だが魔法の頭の呪力によって、島の南北の往来は事実上遮断されてしまっていた。

付近の村々では、木柵の砦を攻め落として魔法の頭を打ち壊そうと勇士を募って大軍を送った。しかし魔法の頭が一声叫んだ途端、大軍は屍の山となってしまった。

大魔法使いハカワウ

魔法の頭の噂は、島の南のカフィアにも伝わった。カフィアの首長であるハカワウは、すべてのカラキアに熟達した偉大な魔法使いだった。もちろん彼自身、強力なトフンガ・ワイワイアであったことはいうまでもないが、ハカワウは自分の黒魔術を人々のために用いた。かつて強大な黒魔術使いパアワを破り、その砦に捕えられていた美女ロナを救い出して妻に迎えてからというもの、ハカワウはマオリの人々の間で大いに尊敬されていた。

魔法の頭の話を聞いたハカワウは、召使いをひとり連れただけでプケ・タプに向かった。旅を続けると、道に沿って死体が点々として腐臭を放っている。さらに野原には、全滅した大軍が死体の山を築いていた。召使いは恐れて引き返したがったが、夢のお告げで勝利を確信していたハカワウは恐れなかった。彼は呪文を唱えて精霊を呼び出し、自分と召使いを守った。このように彼は呪文を唱えながらプケ・タプに向かった。

そして、ついにハカワウは砦が見えるところまでたどり着いた。彼は精霊を呼び出すと、ファンガイという呪文を用いて砦に放った。ハカワウは魔法使いであると同時に優れた戦術家だった。彼の精霊におびき出された悪霊たちは、魔法の頭から飛び出して精霊を追った。その間にハカワウは、何千という精霊を呼び出し、守りががらあきになった砦に突入させた。おびき出されたことに気づいた悪霊たちが引き返すと、砦の門には精霊が待ち構えていて、戻ってきた悪霊をひとり、またひとりと倒していった。

◆魔法の頭、倒れる

表面上は何事も起きていなかった。ふたりの旅人が砦に歩いてくる、それだけのことである。だがそれはありうべからざる光景だった。守備兵たちは唖然としたまま、ハカワウが門に向かって近づくのを見ていた。

プアラタとタウトヒトは魔法の頭に話しかけ、ハカワウを倒すよう懇願した。だが悪霊たちを打ち滅ぼされた魔法の頭は、今ではかすかな低い鳴き声を立てるだけだった。その声は次第に低くなり、やがて沈黙してしまった。

ハカワウは閉ざされていた門をよじ上って砦に入った。そして聖所を探し出すと汚れた格好のまま中に入った。彼は聖所を汚して魔法使いたちの力を奪うと、木彫りの頭を足蹴にして地面に転がした。

ハカワウと召使いは砦の中で休息した。力が打ち破られた魔法使いと手下たちは、おずおずと彼らのために料理を作り始めた。御機嫌を取るつもりだったのか、それとも毒殺するつもりだったのか、わからない。だがハカワウは「私たちはさっき食事をしたばかりだ。この近くでちょっと軽い食事をした」と断った。それは悪霊たちを滅ぼしたことを意味する威嚇だった。

ハカワウは休息していた家の敷居をまたぐとき、両手を叩いてぱちんと鳴らした。すると、彼が砦を出る前に、魔法使いと手下たちは全員死んでしまった。

こうして魔法の頭は滅び、ハカワウはさらに尊敬されたのである。

■ア■

■サ■

■タ■

■マ■

■ワ■

参考文献

●全般

世界神話事典／アーサー・コッテル 著　左近司祥子ほか 訳　柏書房　一九九三

●ヨーロッパ

世界の神話伝説体系34 ロシアの神話伝説／昇曙夢篇　名著普及会　一九八〇

世界の神話伝説体系41 アイルランドの神話伝説Ⅱ／八住利雄篇　名著普及会　一九八一

黄金伝説 第3巻／ヤコブス・デ・ウォラギデ　前田敬作、西井武 訳　人文書院　一九八六

ケルトの神話／井村君江 著　筑摩書房　一九八三

世界の英雄伝説1 カレヴァラ物語／高橋静男 編訳　筑摩書房　一九八七

世界の英雄伝説2 アーサー王ロマンス／井村君江 著　筑摩書房　一九八七

守護聖者 人になれなかった神々／植田重雄 著　中央公論社（中公新書）　一九九一

サガとエッダの世界 アイスランドの歴史と文化／山室静 著　社会思想社（現代教養文庫）　一九九二

アイスランド・サガ／谷口幸男 訳　新潮社　一九七九

北欧神話／エリス・デヴィッドソン 著　米原まり子ほか 訳　青土社　一九九二

メリュジーヌ物語／クードレット 著　森本英夫、傳田久仁子 訳　社会思想社（現代教養文庫）　一九九五

ベーオウルフ／忍足欣四郎 訳　岩波書店（岩波文庫）　一九九二

トリスタン・イズー物語／ベディエ 編　佐藤輝夫 訳　岩波書店（岩波文庫）　一九五三

中世騎士物語／トマス・ブルフィンチ 著　野上弥生子 訳　岩波書店（岩波文庫）　一九八〇

シャルルマーニュ伝説／トマス・ブルフィンチ 著　市場泰男 訳　社会思想社（現代教養文庫）一九九四

ロシア民話集 上／アレクサンドル・アファナーシェフ 著　中村喜和 訳　岩波書店（岩波文庫）一九八七

●ギリシア・ローマ

ギリシア・ローマ神話／トマス・ブルフィンチ 著　野上弥生子 訳　岩波書店（岩波文庫）一九七八

ギリシャ神話〈付北欧神話〉／山室静 著　社会思想社（現代教養文庫）一九六二

ギリシャ神話 英雄の時代／カール・ケエレーニイ 著　植田兼義 訳　中央公論社（中公文庫）一九八五

ギリシャ神話小事典／バーナード・エヴスリン 著　小林稔 訳　社会思想社（現代教養文庫）一九七九

天体観測のすすめ 太陽系の星々と四季の星座／林完次 著　講談社（ブルーバックス）一九八一

ギリシア神話／アポロドーロス 著　高津春繁 訳　岩波書店（岩波文庫）一九八九

ギリシア案内記／パウサニアス 著　馬場恵二 訳　岩波書店（岩波文庫）一九九二

●日本

古事記／倉野憲司 校注　岩波書店（岩波文庫）一九六三

古事記物語 若い人への古典案内／太田善麿 著　社会思想社（現代教養文庫）一九七一

日本書紀 上／山田宗睦 訳　ニュートンプレス 一九九二

日本書紀（上）／宇治谷孟 訳　講談社（講談社学術文庫）一九八八

佐々木信綱篇『新謡曲百番』／博文館 一九一二

新潮日本古典集成 御伽草子集／新潮社 一九八四

新潮日本古典集成 謡曲集／新潮社 一九八六

日本古典文学体系38　御伽草子／岩波書店　一九五八

日本古典文学体系36　太平記／岩波書店　一九六二

日本古典文学全集29　平家物語（一）／小学館　一九九三

鬼の研究／馬場あき子 著　三一書房　一九七一

日本古典文学幻想コレクションⅡ　伝綺／須長朝彦 編訳　国書刊行会　一九九六

日本の伝説29　岡山の伝説／太田忠久、水藤春夫 著　角川書店　一九七八

悪路王伝説／定村忠士 著　日本エディタースクール出版部　一九九二

日本の昔話2　アイヌの昔話／浅井亨 編　日本放送出版協会　一九七二

●西アジア

ペルシア神話―王の書より／黒柳恒男 篇訳　泰流社　一九八〇

ペルシアの神話　光と闇のたたかい／岡田恵美子 著　筑摩書房　一九八二

世界の神話伝説体系5　バビロニア・アッシリア・パレスチナの神話伝説／松村武雄、中島孤島 篇　名著普及会　一九七九

世界の神話1　メソポタミアの神話／矢島文夫 著　筑摩書房　一九八二

サムエル記／関根正雄 訳　岩波書店（岩波文庫）一九五二

●東アジア

中国の神話伝説 上／袁珂 著　鈴木博 訳　青土社　一九九三

新十八史略―王道・覇道の巻／駒田信二、後藤基巳 ほか著　河出書房新社（河出文庫）一九八一

中国神話伝説集／松村武雄 編　社会思想社（現代教養文庫）一九七六

列仙伝・神仙伝／劉向、葛洪 著　沢田瑞穂 訳　平凡社（平凡社ライブラリー）一九九三

孫悟空の誕生―サルの民話学と『西遊記』／中野美

代子 著　玉川大学出版部　一九八一

インド神話／上村勝彦 著　東京書籍　一九八一

世界の神話6 インドの神話／田中於菟弥 著　筑摩書房　一九八二

世界の神話伝説体系13 インドの神話伝説Ⅰ／馬場睦夫 篇　名著普及会　一九七九

世界の英雄伝説9 ケサル大王物語／君島久子 著　筑摩書房　一九八七

●その他の地域

民俗民芸双書74 アメリカ・インディアンの神話と伝説／エラ・イ・クラーク 著　山下欣一 訳　岩崎美術社　一九七一

マヤ・インカ神話伝説集／松村武雄 編　社会思想社　一九八四

エジプト神話／ヴェロニカ・イオンズ 著　酒井傳六 訳　青土社　一九八八

アステカ・マヤの神話／カール・タウベ 著　藤田美砂子 訳　丸善ブックス　一九九六

マオリの神話と伝説／由比浜省吾 訳　私家版　一九九六

あとがき

神話の森に奥深く分け入り、曖昧模糊とした霧の中から燦然と輝く英雄たちの物語を持ち帰ることは、当初の想像よりも困難な「試練」でした。

何しろ著名なギリシア神話ひとつとってみても、ヘラクレスがアルゴー号に乗り組んだ時期には諸説ありますし、ゼテス兄弟は空中の追跡から帰還せず死んだなどと、重要な部分で食い違う説があります。

考えてみれば英雄伝承とは、様々な時代の人々が、それぞれの心のよりどころとして語り伝えた過去の物語です。したがって、その時代の人々の必要性に応じていくらでも「真相」が造られ膨らんでいくものなのです。ですから本書もそうした「異伝」のひとつと考え、いささか気楽にとらえ直して筆を進めてみました。

もちろん原典に明確に述べられている部分には極力忠実なダイジェストを試みたつもりです。しかし伝承の細部が分かれる部分に関しては、あえてマイナーな伝承を選んだり、推測を交えて空白を補った部分もあります。

読者の皆さんが「これは自分の聞いた話と違う」と感じる部分があるとすれば、そうした異説を提示してみたのだとご理解ください。

今回は、筆者だけでは手が回らない部分もあって、伊豆平成氏にも執筆をお願いしました。氏の正体はふたり一組のライターチームなのですが、今回は一方が多忙とあって「2号」の方に協力いただきました。ご両名に感謝申し上げます。

またギリシアやヨーロッパ・日本はともかく、アメリカやアフリカなどは文献以上に図像資料が乏しく、イラストレーターの方にご苦労をおかけしました。様々な制約にもかかわらず素晴らしいグラフィックを仕上げていただいた皆さんに感謝申し上げます。

最後になりますが、新紀元社編集部の方にはひとかたならぬご迷惑をおかけしました。どうにかここまでこぎつけたのも、本書に関わっていただいた皆様のご寛恕とご鞭撻の賜物です。この場を借りて深くお礼申し上げます。

それでは、またどこかで……。

司史生

伊豆平成2号です。

楽しくこの仕事をさせていただきました。もっとも、時間と資料の不足で司氏の足を引っ張ってしまいましたが……。

作品については本来、本文ですべてを語るべきで、あとがきで補足するのも見苦しいとは思うのですが、私の担当分のところについて書き残したことや感想などを以下に書かせていただきます。

ロジェロと海魔オルクの話の出典の『シャルルマーニュ伝説』は壮大というか荒唐無稽というか、中国やアフリカの王様が簡単にフランスにやって来てしまうすごい話です。ファンタジーRPGでおなじみの怪物や魔法、アイテムなどもけっこう登場するので、その方面に興味のある方は参照するとよいかもしれません。

兵士の子イワンの話は、私がたまたまロシア民話集で見つけて入れさせてもらいました。たぶん、ロシアでもあまりメジャーな話ではないと思います。ストーリーも脈絡がなくて、いかにも民話という感じですね。

李冰のところでは、李冰または李二郎が二郎神君のモデルと書きましたが、隋代の趙昱という説もあります。やはり蛟（つまり竜）を退治したという伝説があり、治水に功績のあった人のようです。こういった人たちを総合して二郎神君が生まれたのかもしれません。二郎神君については、小説『長安異神伝』（井上祐美子著、徳間書店）のシリーズをお勧めします。

黄帝も『黄帝無頼』（藤水名子著、集英社）というシリーズの主役となっています。最近は三国志系以外でも中国ファンタジーが多くなって、中国史ファンとしては嬉しい限りです。それだけに、こういう本を書くときはごまかしがきかなくて大変ですが。

小説といえば、ファーリドゥーンに退治された蛇王ザッハークは『アルスラーン戦記』（田中芳樹著、角川文庫）のシリーズで有名になりました。この小説ではカイ・ホスローという王に封印され、復活しようとしていることになっています。続きが読みたいのですが、田中先生も忙しそうだから、いつ出るのやら……。

伊豆平成2号

この作品は、一九九八年三月に単行本として新紀元社より刊行されました。

文庫版あとがき

Truth In Fantasy シリーズの一冊として本書が刊行されてから十七年の星霜が過ぎましたが、このたび文庫版として再び読者の皆様にお目見えすることとなりました。

本書ではギリシア神話などの有名な伝承だけでなく、あまり知られていない世界各地の神話伝説や、かつてポピュラーでありながら忘れ去られた感のある日本の英雄譚を採り上げています。そのなかでアーサー王伝説やク・ホリンをはじめとしたケルト神話は、この十七年の間に様々なコミックやゲームの題材とされたことで、日本でもメジャーな存在になっています。しかし本書で紹介した英雄や怪物の多くは、いまだ知られざる存在のままです。まだまだ手付かずの物語の宝庫である神話世界への旅行案内として、本書の価値を見出していただければ幸甚です。

最後になりますが共著者の伊豆平成氏、文庫版の刊行にご尽力いただいた新紀元社編集部の皆様に感謝の言葉を述べさせていただきます。

司史生

伊豆平成2号です。

著者名は「伊豆平成」なのに、なぜここでは「2号」とついているのかというと、「伊豆平成」はふたりで使っている共同のペンネームで、1号と2号のふたりがいるからです。藤子不二雄A先生とF先生のようなものと思ってください。

この本の仕事をさせていただいたのは2号の方です。

当時は、1号と2号は伊豆平成の名で一緒に仕事をすることもありましたし、また、どちらかが単独でした仕事も伊豆平成名義のことが多く、この本でも伊豆平成の名で参加させていただきました。

最近では、伊豆平成名義で出ている本は、ほとんど1号が単独で書いていますので、この名を知っているという方のほとんどは、1号の著書で知ったことと思います。

なので、1号の文章やセンスを期待されてこの本を手にとられた方もいるかもしれません。そういう方には申し訳ないのですが、この本の伊豆平成は2号の方、つまり1号とは別人ですので、その点はご了承ください。なんともややこしくてすみません。

さて、文庫化にあたって改めて昔、自分が執筆した部分に今目を通してみると、文章表現が稚拙な部分などもあり、ここはこう書いた方がよかった、などと反省することしきりです。

とはいえ、そういう部分まで書き直しているとキリがありませんので、結局、私の執筆部分は、ほぼ当時の文章そのままとしました。

私がかかわったこの本が、ファンタジー系のゲームや作品の好きなみなさまの資料として少しでもお役に立てたなら、これ以上の喜びはありません。

司史生先生、イラストレーターの先生方、編集者の方、出版にかかわった方々、執筆時に参考にした資料を書かれた先生方、そしてこの本を読んでくださった読者のみなさまに改めてお礼を申し上げます。

伊豆平成２号

Truth In Fantasy
モンスター退治　魔物を倒した英雄たち

2014年6月4日　初版発行

著者　司史生（つかさ　ふみお）
　　　伊豆平成（いずの　ひらなり）
編集　新紀元社編集部／堀良江

発行者　藤原健二
発行所　株式会社新紀元社
〒160-0022
東京都新宿区新宿1-9-2-3F
TEL：03-5312-4481　FAX：03-5312-4482
http://www.shinkigensha.co.jp/
郵便振替　00110-4-27618

カバーイラスト　丹野忍
本文イラスト　深田雅人
デザイン・DTP　株式会社明昌堂
印刷・製本　大日本印刷株式会社

ISBN978-4-7753-1247-6